思土思民——跨足國土計畫紀實

崩山口
九芎林
尖山湖
大溪墘
嵩山社區地圖導覽

嘉南地區
水利設施現勘

MIPRO

安全為了工作
工作必須安全
多看一眼安全保險
多防一步少出事故

多看一眼安全保險
多防一步少出事故
20

股長
嘉南農田水利會

水利局
Love tree

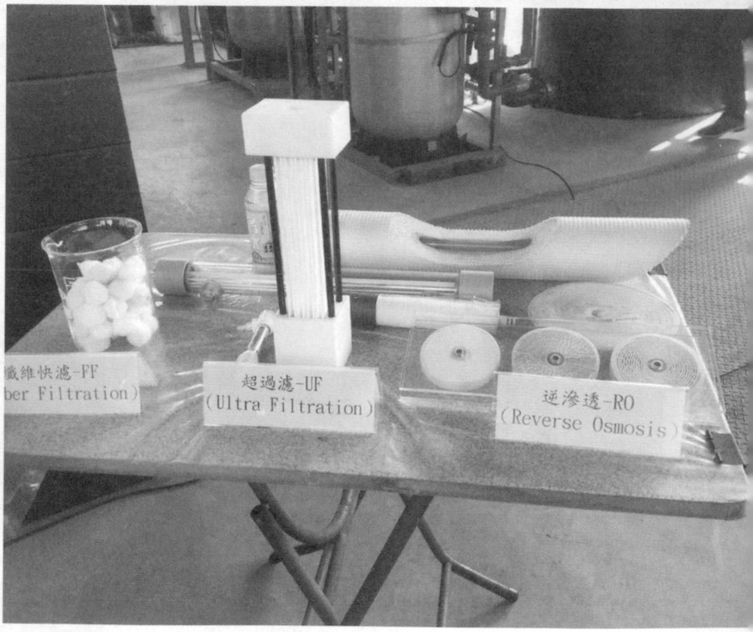
超過濾-UF
(Ultra Filtration)
逆滲透-RO
(Reverse Osmosis)

水閘門名稱
麻豆區擋水閘門7號
規格
寬1.95m×高1.70m,1扇
排水名稱
埤頭排水
委託單位
臺南市政府水利局
電話
06-2986672
維護單位
惠民實業股份有限公司
電話
06-6331072
操作單位
昱成機電
楊凱翔
電話
0975-000737
7211

台南市麻豆區埤頭里活動中心
埤頭社區
水患自主防災演習
整備組
埤頭社區
水患自主防災演習
疏散組
埤頭社區
水患自主防災演習
引導組
埤頭社區
水患自主防災演習
收容組

引導組
收容組

臺灣嘉南農田水利會
灌溉技術推廣中心

拜訪台南土溝

郵便筒

服務站

Peace
Gold
Elephant

SunnyRich 陽
植物園區

訪察屏東林邊鄉

目錄

篇四、國土計畫追蹤算帳……116

第二步：擁抱家園——韌性城市與高齡社會

第三步：重建再生——都市更新、都市計畫

前言

臺灣位處颱風、地震、水災等天然災害頻繁的地帶，加上地質脆弱、地形陡峻，每有暴雨往往引發嚴重的山崩及土石流，已被國際公認，是全世界天然災害危險潛勢最高的地區之一。積極推動國土保安及復育，建立完整的國土規劃體系，是刻不容緩的工作。

基金會自民國七十九年成立河川保護小組以來，即針對環境變化趨勢，舉辦不同主題的研討會，建立政府、學者與民間對話的平臺，長期關懷追蹤國土規劃、河川治理、城鄉發展等課題。期望將過去以經濟掛帥為導向，漫無節制的開發，改變為以生態環境為基礎的永續發展，才能因應全球氣候變遷所帶來的嚴峻考驗。

此書為基金會多年來關心公共政策之建言集錦，囊括各層面，從最上位的國土永續法規—國土計畫法出發，一路參與推動歷程，國土法五進五出立法院，奮鬥二十多年，經歷無數會議與多人協力完成。將非常綜合性的概念，由第一條因應氣候變遷，到後續的水資源永續、城鄉發展、農地問題、糧食生產、國土安全等等，都是環環相扣的工作。

尤其，臺灣不斷受颱風、水旱災、地震等「天然災害」侵擾，以及如同氣爆事件之化學災害或石化廠工安意外等「人為災害」，甚至許多災害相互牽動而併同發生的「複合型災害」，對於民眾安全構成重大威脅。又因極端氣候日趨明顯，國際組織高度重視都會區的防災和安全問題，莫不積極研究如何建構將來能對抗各種災變的「韌性城市（Resilient City）」。原因是，都會區人口密集、產業興盛，天災人禍極可能影響民生社經至鉅。基金會亦與地方政府合作檢視城市狀態，想像至少二〇三〇，甚至二〇五〇年後都市的形貌。如何建構「安全」、「永續」和「韌性」的都市，毫無疑問是國家未來施政的重大課題，亦是我們不斷關心與追蹤的課題。

臺灣的永續發展需要前瞻的國土規劃，面對人口結構、社經及自然環境的變化的接踵而來，需要借重專業領域長期的耕耘投入。基金會長年關注「國土規劃」與「韌性都市」，深體人口結構變化的壓力，再再都為國土利用、城鄉都市概念及交通規劃願景所影響。走過災害重建，深知中央改革與民間協力步步相扣，推動公共政策不能單靠政府部門，在地人的投入是關鍵，其參與也涉及社經資源的大量注入，中央政策必須明確，地方因地制宜，家園整理與重建需不斷努力。基金會將持續關心並追蹤環境保育議題，整理產、官、學者建議並提供政策方向，期盼在公私部門合作下，有效治理及慎防大自然的反撲。

寫在出發之前：序

漫漫長路的期待

邱文彥（臺灣海洋大學海洋事務與資源管理研究所榮譽講座教授）

民國一〇四年十二月十八日晚間十時半，在立法院躺了二十三年的《國土計畫法》終於三讀通過了。院內燈火昏黃，往事歷歷，真有不堪回首之感。

民國八十八年九二一地震後，我和幾位地質學家前往豐原、東勢、卓蘭等中部災區勘災。我拍攝了許多地盤隆起、房屋倒塌，如同戰後悽慘驚悚畫面。一棟透天厝一樓被壓扁，二樓塌到地面，新房掛著一張結婚照片，人去樓空。卓蘭一家土厝垮了，屋旁正辦喪事，門柱上留下「安居樂業」的半截對聯，這是何其諷刺的畫面？民國九十八年「莫拉克颱風」襲臺，八八水災使中南部遭受重創，高雄的小林村遭到滅村。當時我擔任環保署副署長，正在南部救災，聞訊趕至現場。當我們到達村口時，現場煙雨濛濛，路旁祭拜的米飯上插著幾柱香，燃燒過的金紙還冒著白煙。那種國土殘破、同胞罹難的景象，只能用「天人同悲」來形容。

莫拉克風災之後，馬英九總統曾說：「制訂《國土計畫法》，讓家園更安全，是政府最莊嚴的承諾。」我從未忘記這項承諾，也二度婉拒陳沖院長安排更上層樓的任命。國土計畫法的歷盡艱辛，終獲通過，應可告慰這些罹難同胞在天之靈。

第八屆立委最後一會期，我以立法院內政委員會召委身分，積極安排《國土計畫法》、《海域管理法》和

《景觀法》草案的審議。在利益團體和在野政黨杯葛下，《海域管理法》和《景觀法》雖協商完成，卻連署未成而功虧一簣。《國土計畫法》則因委員雙方意見不合，憤而離席，場內一度只剩下我一位委員。當時苦撐著繼續和各部會協商，期能爭取更多共識。另方面，也積極在原住民權益保障和國土保育等議題上，尋求雙贏方案。在《國土計畫法》第六條、第十一條、第二十三條、第三十二條、第三十六條和第三十七條等條文納入原住民族權益適當保障後，全案終獲各方接納。各政黨連署完成，時間為下午二時四十八分，距王金平院長宣告最後受理時間（下午三點），僅差十二分鐘，過程真是千鈞一髮、驚濤駭浪。

《國土計畫法》將建立國土保育、城鄉發展、農業發展和海洋資源等四大功能分區，並因應氣候變遷，以確保國土安全，保育自然與人文資產，促進產業合理配置，強化國土整合管理，並復育國土破壞地區，追求適地適用和國家永續發展的目標。本法除建立環境敏感資訊、統籌國土規劃機構、促進國土復育等工作外，並充分尊重原住民族的智慧和權益，堪稱進步且務實。

本法能夠通過，我要感謝王金平院長、洪秀柱副院長和各黨團的支持；也要特別感謝林淑芬、田秋堇、高金素梅等委員、詹順貴律師，以及余紀忠基金會余範英董事長和重要成員林盛豐、李鴻源、陳伸賢等先進的賜教與協助。

借調公職八年，我起草通過了《環境教育法》、《濕地保育法》、《海岸管理法》、「海洋委員會」組織四法、《博物館法》、《森林法》修正案、《溫室氣體減量及管理法》、《水下文化資產保存法》及最後一刻通過的《國土計畫法》，一共十二個重要法律。從民國八十年留學國，極投入國土保育的行列，冗長而艱辛的學習之旅，在《國土計畫法》通過後，直覺不虛此行、無愧於心。

《全國國土計畫》於民國一〇七年四月三〇日依法公告，但後續的縣市國土計畫及功能分區的完成，仍有諸多挑戰。目前各地方政府的人員、經費和經驗，參差不齊，能否如期完成各地方政府的國土計畫，恐不無疑義；此一困境，是否成為中央修法推遲地方國土計畫送件、延宕本法三階段架構落實的理由，更令人憂心。此外，農地裡農舍和工廠濫建，早已威脅水土和生態環境，政治人物如果仍在選票考慮下，持續以輔導合法和一再放寬大限的鴕鳥作為，將會是今後國土計畫最嚴峻的課題。

國土保育和永續發展，是本書的關鍵議題。相關立法雖如漫漫長路，但眼前如何落實，更具挑戰。我期待臺灣有更多的「政治家」專注於福國利民的法案和事務，而不是被既得利益綁架、汲汲營營於下次選舉的「政客」。我也祈求國泰民安，天佑臺灣！

龐雜與簡約：國土計畫的專業參與及民眾參與

林盛豐（監察委員）

臺灣國土層次論述的脈絡

利用寫序的機會，整理臺灣國土層次空間論述與國土計畫法發展的歷史脈絡。臺灣的主要空間計畫，是計畫性較強的都市計畫，與非都市地區的土地使用管制，營建署以往的北、中、南、東及離島的區域計畫，是較接近一種事後匯整的圖說，計畫領導企圖並不明顯。

國發會的前身—經建會，曾有好幾個版本的國土發展策略文件，可視為國土層次的空間發展策略白皮書，這幾個版本的國土發展策略白皮書通常會呼應當時行政院主要施政目標與重大基礎建設，但約束、引導重大基礎建設，或整合各部會之部門計畫的空間布局功能也極為薄弱。

這類國土發展策略白皮書與營建署區域計畫及各部會部門計畫的重大基礎建設，其實各行其是，重大基礎建設最為強勢，區域計畫透過非都市土地使用管制，對維持現狀有相當效果，雖常被變更突破，但土地使用管制門檻其實不低，而經建會或接續的國發會國土發展策略白皮書，常只是政策宣示而非計畫引導，很少引導重大基礎建設，也無引導區域計畫的企圖。在這種氛圍下，專業界一直出現對國土計畫法的期待，希望臺灣能推動一個具法定地位，能整合都市計畫、非都市土地使用管制，並且有積極規劃意義的國土計畫，這個國土計畫能建立土地使用秩序，引導部門計畫的重大建設與相對應的土地使用需求。

行政院永續會做為國土計畫法的作業平臺

游錫堃先生擔任行政院長任內，聯合國所引領的永續發展概念已成為一全球性運動，行政院也成立永續發展委員會，試圖與聯合國永續發展的核心價值接軌。永續發展委員會分為若干小組，游院長下令利用永續會平臺成立國土計畫推動小組，以永續發展為核心價值，草擬國土計畫法，筆者時任政務委員，負責跨部會協商國土計畫法草案，內政部營建署同仁擔任幕僚作業，負責草案提出。

行政院永續會的平臺設計秉持強烈參與色彩，每個小組的成員由官員、專家學者與ＮＧＯ團體各三分之一組成，且小組召集人盡量由外部委員擔任，這個制度設計官僚體系難免需要磨合，但也讓永續會生氣蓬勃，降低體制外力量與政府隔閡，這個制度得以引進余紀忠基金會余範英董事長擔任委員，也開啟基金會參與國土計畫的契機，十餘年來動員基金會資源與人脈，持續關懷國土計畫的推動。

國土計畫的龐雜性

國土計畫涉及的議題極為龐雜，舉凡人口、產業發展、氣候變遷、山林、海岸海洋、原民部落、農田水利、防災、交通、大面積違章工廠、空間美學、行政區劃等等，無所不包，各方專業都有其關懷，各方ＮＧＯ團體也以國土計畫之立法與計畫推動為戰場，試圖運用國土計畫達成各自多年陳情抗議之目標。

由於國土層次的論述、國土計畫的操作、國土計畫法內建的機制、中央地方權責分工，無論官、學、規劃專業，都欠缺操作經驗，亟待大量密集的參與、溝通、共學。

國土計畫的簡約性

國土計畫只要如此理解，其本質簡約性就會浮現。這個版本的國土計畫法，以永續發展為核心價值，以建立國土的土地使用秩序為目的，四大功能分區各有其永續的國土任務，前述龐雜議題，應分門別類歸於個別部門計畫，部門計畫必須透過政策討論，將各項議題爬梳釐清、取得共識，國土計畫再將各部門計畫的空間需求落實於國土空間。

國土計畫核心任務是將各部門之空間需求整合於國土空間，並在部門空間需求相互衝突時啟動協商機制，因此國土計畫不會提出國家產業政策，也不會提出交通政策，只能整合產業部門及交通部門的空間需求，在空間需求發生矛盾時進行協商。當然國土計畫單位有其主體性，即在於確保國土資源的永續性，以及國土資源有秩序、有效率的利用。還有一個近乎哲學性的天職，就是國土美學的建立。

國土計畫的專業參與及民眾參與

一如前述，國土計畫有其龐雜外觀，會吸引各方團體關注，而其簡約性卻需相當程度專業參與方得以浮現，有幾項工作亟需密集的專業參與及民眾參與：

一、永續發展核心價值的釐清

二、各部門計畫的討論

三、中央政府與地方政府規劃團隊的溝通

四、政府部門與關心國土規劃的ＮＧＯ團體的溝通

五、提出國土願景與凝聚共識

六、新型態的民眾參與

余紀忠文教基金會長期關心河川生態、水資源管理與流域治理，逐漸擴展為對國土規劃的關懷，基金會辦理系列國土計畫座談，扮演中央與地方政府溝通角色，也成為專業界、學界及政策與技術官僚的意見交流平臺。基金會傳承原《中國時報》時期活潑、自由、進步之價值。余董事長以其進步性媒體人風格，及豐富人脈，聚集理論實務嫻熟的學者、具政務官經驗的專業人士與年輕技術官僚，共處一堂進行深度專業論述與知識傳承，是一高品質民間智庫，對國土計畫推動的專業參與，貢獻卓著。

傳統媒體及精英治理時代似已式微，而社群媒體與網紅洪流橫掃。但正如民主的缺失，要以更有品質的民主來矯治，社群媒體與網紅的亂流，要以高品質的內容來矯治。針對國土規劃這種龐雜巨大的議題，我們更應努力以新媒體、更活潑的傳播策略，與年輕一輩互相學習，共創對年輕一代能理解的價值與內容。

行動起來才會有進度

於幼華（余紀忠文教基金會董事、臺大環工所名譽及兼任教授）

回顧與展望對基金會來說不是件難事，以民國七十九年即已成立的「河川保護小組」而言，卅年來我們年年舉辦不同主題的研討會以及產、官、學間的對話平臺，亦出版對該年，或是對特定議題總其成的專輯專冊。只是，近十年前，「河川」的問題逐漸擴大，基金會所關懷的對象是負載著臺灣整塊土地，是國土課題。對國土，基金會今年總結數年來各方努力，出版「思土思民－跨足國土計畫紀實」專書，而對這個擴展後的大題，本人在無貢獻下，竟要提筆寫序頗感為難，怎麼辦？！

有了！工程師的基本訓練就是要化「繁」為「簡」，當我把各方專家所言所論一一看完，我得到對「國土計畫」該如何遞次實踐起來的感想：必須先由本書的每位作者提供出簡單的三部曲步驟；第一，二〇一九年還有九個月，行動步驟是什麼？第二，哪三塊區域應著手行動？第三，區域政府裡哪個單位應負責主其事？只要有了開始就必有進度，「斯土」不過塊三萬六千餘平方公里的土地，「斯民」也不過只有兩千三百萬餘中的部分人口，不是嗎？！

最重要的是，本書彙整共九十一位作者的各三條建言，因此共有九一×三條實踐行動方案，待政府參考後，加以遞次完成。按此行動方案去做，到二〇一九年年底想必能交出相當的工作成績。

第一步　國土永續——法的歷程與挑戰

篇一、催生國土計畫法

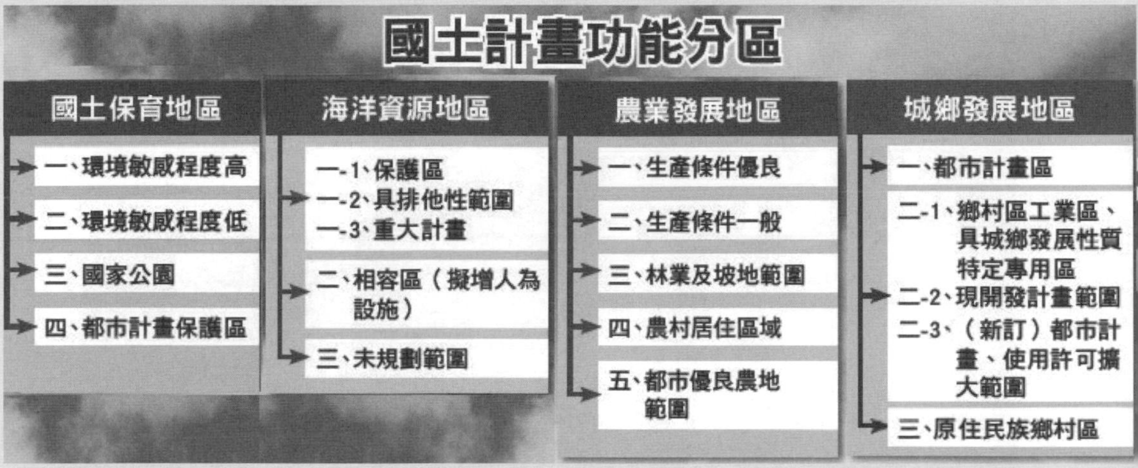

通過法案迫在眉睫，思考國土計畫與各部會互動的關係。

回溯催生過程 邱文彥

過去以「人類」的產業為主，現在則考慮「自然」承載量，反映國土計畫的必要。

國土計畫法的催生過程，最早可回溯至「臺灣地區綜合開發計畫」，直到「國土空間發展綱領」，又過去經建會曾擬出的「國土計畫法復育條例」。在當時推動的國土三法：國土計畫法、國土復育條例和海岸法，今年海岸法已通過，並正式實施；國土復育條例，目前內政部的構想是融合到國土計畫法中。因此未來國土計畫法的內涵，到底應包含哪些是討論的重點，特別是李鴻源部長過去在國土防災地圖資訊的建置與想法，如何融入國土計畫非常重要。

另一問題是以內政部的位階，能否承受未來國土規劃的職能？例如環境資訊，將來是在環境資源部；海域部分有海洋委員會，將來有國家海洋研究院能產出海洋資訊；國發會中也有國土區域離島發展處，這都是重疊的。這導致部會間的協調更顯重要。

今天特別請海洋學界胡念祖前輩，就海域部分引領深入思考。海岸法推動後發現許多問題：近岸海域範圍是水深三十公尺，還是三浬的地方，又能源局提出三十六塊堤防海域可開放申請海上風力發電。目前國家型計劃推動的海陸風機千架，已有多架風機超過三浬的範圍，未來海域如開放個別申請，將有海上秩序問題。最近通過海洋委員會的組織四法，對海洋規劃總體的看法，未來海陸是否分家，也是國土計畫法中需要討論。

又原住民傳統領域與國土計畫法的關係；中央山脈保育區中，九〇%都跟國土計畫法有密切關聯，原民領域如何處理？原本希望國土發展這個基本法能在各部會之上統籌協調，這最後一個會期，又遇到選舉，時間有限下是一個很大的問題。

目前三個版本，第一版本是行政院草案；另有黃昭順委員的國土復育條例，這承接二〇〇七年張景森提出的版本；還有內政部的版本，依照原內政部版本，又含括一部分海洋資源地區，而今海域已有海域管理法，這中間銜接的環節要做些討論整理。

整體來說，今天要請賜教的是：進行中的國土計畫法應該用什麼角度來思考各部會互動的關係，以及國土計畫法內容應該含括內容。

講者簡介

美國賓夕法尼亞大學博士，曾任環保署副署長、第八屆全國不分區立法委員、中山大學副教授、國立臺灣海洋大學海洋事務與資源管理研究所教授兼所長，現任該校榮譽講座教授。環署及立委任內，起草並通過《環境教育法》、《國土計畫法》、《海岸管理法》、《濕地保育法》等重大法案。

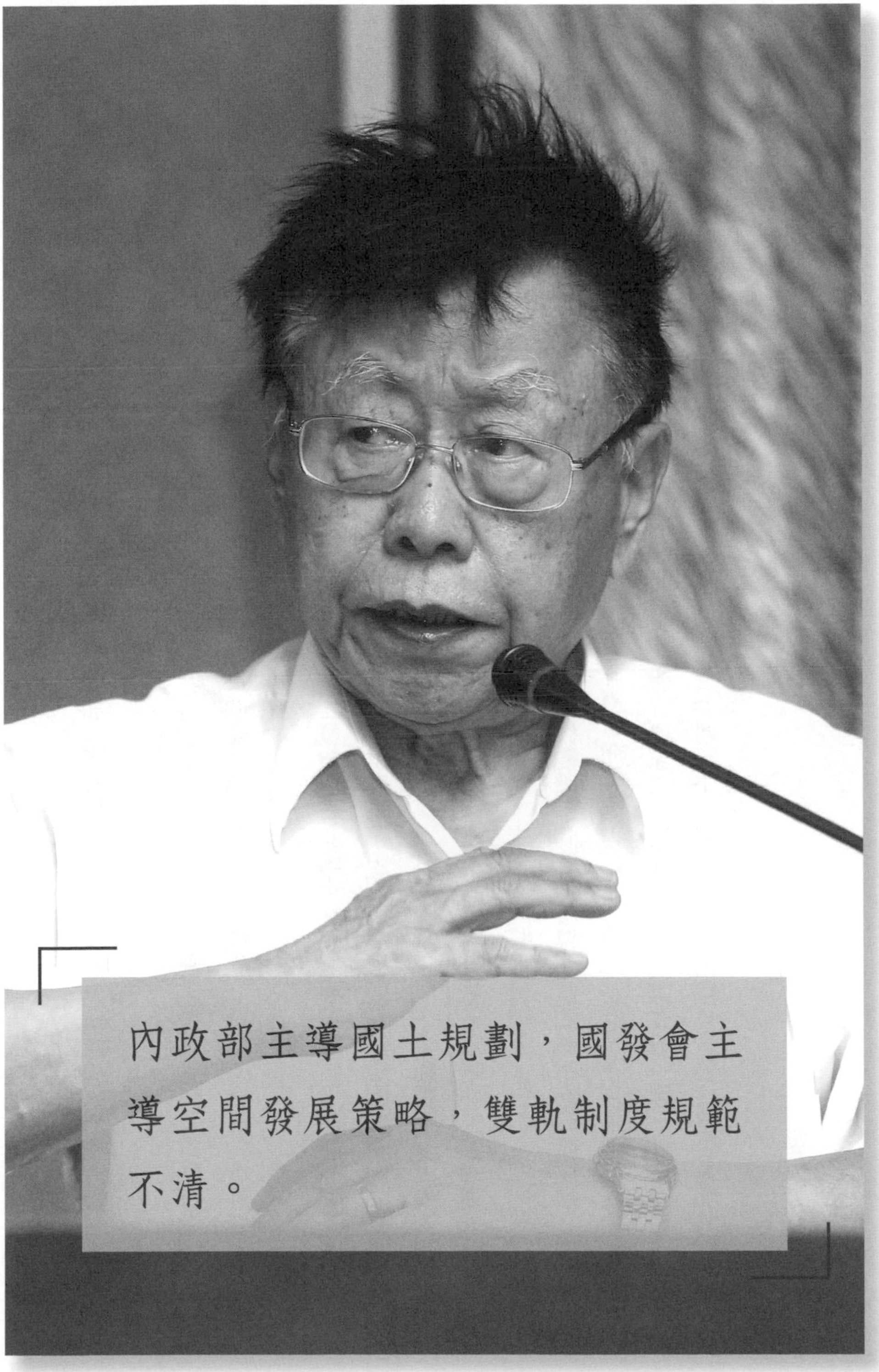

內政部主導國土規劃，國發會主導空間發展策略，雙軌制度規範不清。

發展與管制雙軌制

華昌宜

自一九九五年國土計畫提出後，一拖二十年，期間加入了包括國土復育條例、海洋法、環境變遷氣候等內容，回頭來看似乎沒什麼進展，我想有幾點原因：

首先，一般民眾是不關心此議題的，兩年前《看見臺灣》上映後引起一陣子迴響，但之後就被遺忘了。第二，國土計畫牽涉利益太廣又複雜，尤其加入原住民問題。第三個問題是國土計畫法的實質內容性質不夠清楚，今天需要檢討的應是針對第三點。

臺灣到現在為止走的是雙軌制度，再雙軌制度下，國發會有一套國土空間發展策略，另一方面國土規劃在內政部，就土地使用管制，但它跟空間發展有密切關係，這就麻煩了，因為發展與管制是兩個不同的見解。

過去經建會僅是行政院的幕僚機關，現在改為國發會層次更高。到目前為止，主委輪替不斷，換到都不知道國發會中有一個國土區域離島發展處，該處已經發展第二版的國土空間策略計畫。內政部主管的國土計畫，以及國發會空間策略規劃，雙方的立場與見解如果無法協調整合，未來問題將很麻煩。

我從一九七〇年開始呼籲到現在，經濟發展與環境氣候變遷等問題勢必導引此法須不斷有新思維，問題是誰在主導？我們缺乏一個穩定、中立的國家發展國土計畫研究單位，若能成立此一個單位，可避免重疊的問題。內政部版本提到推動國土規劃研究「得」經整合後，設立國家國土研究院，我建議改成「應」經整合後成立智庫。只有成立了研究院，始可解決爭議。只要從現有公共建設中拿出千分之一預算，做公共建設之間的空間協調，集合各界菁英為對國家空間發展做出貢獻。

講者簡介

美國哈佛大學文理學院都市及區域計劃哲學博士，臺大建築與城鄉所退休教授，曾任職於財團法人國土規劃及不動產資訊中心，專長為土地及不動產經濟、區域及都市發展、都市計劃理論。

營造農業與鄉村永續發展，推動
三生農業提升農家所得。

全面思考鄉村與農業永續

林國慶

從農業部門觀點來看國土計畫法，希望該法能通過，並透過該法針對國土空間策略有較好的規劃，促進鄉村與農業的永續發展和糧食安全，確立永續農業與鄉村發展在永續國家與經建發展之重要性。建立鄉村規劃體系，強化農業部門在鄉村發展與空間規劃之權責，並將農業與鄉村永續發展納入國土空間發展策略中。成立專責機構，積極推動鄉村地區規劃、建設與永續發展。到目前為止，都市以外的非都規劃相當缺乏。

糧食安全體系應建構糧食安全機制與劃設重要農業發展區，建立重要農業發展區維護、管理制度與機制，過去我研究坡地與山地農業的發展，我們六〇％的國土是在坡地與山地，今天看到的是災害，但未重視山坡地區有三十萬公頃的農業使用土地，使用產值也相當高。所以坡地與山地農業之角色定位如何？透過國土計畫法如何正視坡地與山地農業的發展，相當重要。

全面性思考鄉村與農業永續發展，促進環境、經濟與社會的融合發展，在國土空間秩序有效安排下，降低區域發展的差距，促進三生與多功能農業、鄉村之發展。國土三百六十萬公頃中，農業用地佔有兩百六十萬公頃，但農業部門的責任負擔卻相當小。

城鄉發展區的範圍到底是哪裡？我們有中心的都市，外圍有市郊，再外圍是鄉村。所以有都市發展、有鄉村發展，那什麼叫做城鄉發展？所以從國土空間發展政策角度出發，將人口、國土規劃、氣候變遷調適、國土保育、產業發展、交通運輸、城鄉發展、空間治理等八大議題領域應納入整體思考，藉以促進鄉村與農業之整體永續發展。

如何透過國土空間發展政策來促進農業及農村永續發展？我們認為可以用農村再造計畫來推動，營造有利於農業與鄉村永續發展之環境，積極推動三生農業與多功能農業，提升農家所得（包括農業所得及非農業所得），來提升鄉村環境及生活品質，吸引年輕人及非農民之移入。

未來可能的策略，針對確保糧食安全，政府應重視農業與鄉村之永續發展，應建構有利於農業與鄉村永續發展之國土發展策略，建構有利於確保糧食安全之國土發展策略，和推動對地直接給付制度，促進三生與多功能農業與鄉村之發展，並減少休耕與廢棄耕農地面積，提昇耕地利用效率與改善鄉村景觀。

政府應強化與促進鄉村發展方面，建立鄉村發展架構，將鄉村永續發展成為國土空間發展之重要策略，應建構有利於國土空間合理發展之鄉村規劃體系，強化農業部門在鄉村發展與空間規劃之權責，和建立環境直接給付制度，以利鄉村地區景觀與生態品質之提升。

講者簡介

美國北卡羅萊那州立大學經濟學博士，現任亞太糧肥技術中心主任，曾任行政院政務顧問、行政院國家永續發展會委員、行政院農業委員會副主任委員、國立臺灣大學生物資源暨農學院副院長。

日本的敏感地區資訊，書店就能
買到報告，臺灣怎麼不公布？

資訊公開透明　加速國土復育計畫

田秋堇

當初在江宜樺部長任內，預計六年把國土計畫法區域劃分通過，但國土計畫法事實上的意義就降低很多，加上國土復育基金與地質敏感地區等問題，導致最後無法通過。

上一屆我們把國土計畫法與國土復育條例一起送進來，原住民立委認為這是滅族條例，國土計畫法中的國土復育條文應該要更周全一點，國土復育條例快則六年，慢則十年，但國土計畫法應多著墨復育。

私有地、人民財產若限制使用，補償就是合理的，非錢坑法案。對人民權益的保障，應向原民講清楚，不要讓他們為了國家公益而損失，應給予補償。

地質法拚了好久好不容易通過了，但地質敏感的公布非常困難，公布的很多都是人煙稀少的地區，社會應該建立共識，日本敏感地區全部公布，且在書店都能買到報告，臺灣怎不公布？調查報告應向人民公開，地質法也應列入考量。

講者簡介

現任監察委員，畢業於國立臺灣大學哲學系，長期關注民主運動及環保議題。於二〇〇四年立委選舉名列民主進步黨全國不分區提名名單，並且順利當選。二〇〇八年、二〇一二年二度蟬聯民主進步黨全國不分區立法委員（環保運動代表）。

原住民土地所有權被禁止或限制
使用的配套措施不能忘。

保障原民土地所有權的使用

鄭天財

國土計畫法從原住民族的立場來看是有很大的疑慮。現行的法令管制已經很多，包括區域計畫法、都市計畫法、水土保持法、國家公園法等，很多相關法令。原住民族遇到的問題是，在生活各層面土地的使用上，受到管制時並無法獲得應有的補償。無論自來水法、森林法或其他相關法令，都規定禁止或限制使用時要依法補償，但都沒有實際補償，這牽涉到財政問題。很多單位應對的措施，像是森林法限制不得砍伐林木，但並沒有公告限制與禁止使用，因公告就要落實依法補償，因此目前的做法是不准任何砍伐林木的申請。

此外，現行條文把原住民族基本法二十一條加進去，基本上是空的。二十一條談得是政府要開發時，經過原住民族同意，因原住民對土地擁有所有權，當所有權被禁止或限制使用時的配套處理措施也該羅列不能忘記。若能消除這些疑慮，原住民很願意把土地山林維護好。

講者簡介

阿美族政治人物，現任立法委員。畢業於國立臺灣大學法律系，曾任省原住民行政局副局長、行政院原住民族委員會副主任委員、法務部司法官學院講師。

面對國土容受力，國土法再好，
誰要執行？如何治理運作？

面對政府治理及國土容受力的真相

李鴻源

國土計畫法推出這麼長的一段時間，世界、觀念、氣候都在改變，我們到底該怎麼辦。現階段的國土計畫法版本，並沒有將防災概念置入，而颱風、地震、水災、旱災等問題、土地超限利用的問題、全臺灣三百個港有一半都是蚊子的問題、我們有一八〇〇公里的西部平原陷在海平面底下的問題都存在的臺灣，該如何把問題一起解決，未來的法有沒有辦法很務實的來面對這些問題。

例如臺東縣的太麻里溪，這是縣管河川，可是臺東縣政府水利科只有四個人，縣政府根本沒有能力處理這個問題。因此，地方政府職能的提升，這才是很嚴肅要討論的課題。

假如我們訂定出一個二十年目標，慢慢把人口、產業放到應該放的地方，這就是一個實際的計畫法。假如今天我們還是談社會住宅，談讓所有人在臺北有地方住，把八百萬人塞在臺北，想想政府要有多大的本事，另外一個問題是政府有多少錢可以做這些事情。還有很多問題不在技術，例如治水，而在我們的社會價值觀嚴重扭曲，又該怎麼面對。

歐洲人談國土計畫是農林漁業一起來談。到底未來在行政院沒有一個部會可以來做這個事情，內政部有沒有能耐去彙整各部會。法一通過，需要一個強而有力的單位來做這些事情，既要有棒子又能端出胡蘿蔔。

「土地容受力」對臺灣來說是陌生的，北中南東到底適合住多少人？我們農業、工業區應該如何使用？這都需要先計算出來。國土計畫法公布的計畫應該要成為國家建設的上位計畫，但誰有能力去計算這些事情，這就是涉及華老師剛提到的研究院，這該是智庫做的，並不是任何一個大學研究單位可以完成的。就是因為缺少這樣的一個智庫，我們才會把科學園區放在一個缺水的地方。到底國土計畫的專業支撐在哪裡？

所以我還在政府服務時，就試著請營建署把國土規劃相關的資料庫建立起來，利用這個資料庫成為決策的依據，反映未來政策的計畫藍圖。

國土計畫法會不會過？這是很大的問號，時間已不能再等！現在處於過渡階段，應該盡快把這些精神透過目前已經有的管道，反應在都市計畫、國土計畫中。例如臺北地區是一個很危險的地方，一個六級地震倒掉四千戶的房子，請問再將人口都塞進臺北嗎？我們的問題只有社會住宅嗎？這符合臺灣的國家利益嗎？國土計畫大家談的層次、面對問題都不一樣，但臺灣人習慣只看淺面的東西。這絕對不是一件很簡單的事，需要很長的對話，政府光是一個地盤下陷的案子，就橫跨了五個部十個署。未來的政府扮演什麼樣的角色，在國土計畫法中是很重要的一部分。

總結來說，我們在國土計畫中應強調治理，還有通過國土計畫法時，亦不要忘了行政區劃法，臺灣這麼小的地方有二十三個縣是很奇怪的地方。不是將所有部會整合成一家人問題就解決了，而是建立部會之間、部會與非政府組織、中央與地方政府間的夥伴關係。例如國發會與內政部營建署的業務既重疊又分立，惟有強化部會間的溝通，回歸治理問題的釐清，很多問題的起因是臺灣政治運作的文化，健全行政區劃法及地方制度法，消弭中央與地方的鴻溝，六都與其他縣市的資源差距，而國土計劃法則應著重在基本概念的建立，其他回歸各子法的規範。這都顯示未來執行時，傳統的思考方式都要改變。

講者簡介

美國愛荷華大學土木暨環境工程系博士，水利工程學者，國立臺灣大學土木工程系教授。曾任臺灣省政府水利處長、臺北縣副縣長、行政院公共工程委員會主委及內政部部長。

各部會立場不同，需要行政院級的協調單位統籌溝通。

採原則性機制、程序正義、滾動檢討

陳伸賢

國土計畫法就算通過，也不見得會有完美的國土計畫。國土計畫是一個上位計畫，在國土計畫法沒有出來之前，現行還有區域計畫法，兩者差別在於區域計畫法對於非都土地使用許可開發，並沒有積極作為，像是對敏感地區沒有復育、徵收、恢復的機制，屬於消極的。

然而，國土計畫法要不要先過，還是要過。國土計畫法通過兩年，再兩年直轄市才會出爐地方的國土計畫，再兩年才實施，一共要六年。因此，我建議國土計畫法的重點應該是形成一個機制、原則，國土計畫法的內容沒有完成前，區域計畫法可以照走，等國土計畫法內容完成，就可以順利轉換過來。

另外國土計畫法若定位在機制，當中定有很多的辦法是沒有執行過的，資料庫的建立是重點工作，資料也仍須套疊，因此我建議採授權立法，隨時間做滾動式檢討，避免時間浪費在內容的細節造成日後母法的修改問題。

國土劃分的時候，每個部會都有立場，單靠內政部很難達成。需要行政院級的協調單位，以免在衝突之間，時效拖延而走不出來。

民眾參與絕對必要，一般行政機關執行民眾參與採公聽會的方式，但公聽會辦完民間多是沒來或說不知道。因此，對於「走完程序」應有標準，好在目前未納入行政程序法的聽證制度，要不然對於程序的規定更嚴格，建議要有程序正義的SOP。

全國都市計畫需要十年來進行通盤檢討，地方的則要五年。但都市計畫的通盤檢討永遠趕不上實際的狀況，整個都市計畫變更來不及符合實際的需求，因此上位大法應該是設立機制，並讓機制有效執行為要。

講者簡介

現任財團法人中興工程顧問社執行長。國立臺灣科技大學工程學院營建工程系工學博士、美國科羅拉多州立大學土木工程碩士。曾任新北市政府副市長、經濟部水利署署長，任內協助治理基隆河，興建員山子分洪道。

國土計畫法要讓民眾知道土地存在的風險，強化民間與在地知識。

強化民眾參與　縮短實質城鄉差距

詹順貴

國土計畫法二十年來六進六出，一直沒有通過，因為涉及複雜的利益角逐導致多年未能通過。這幾天的新聞說到臺灣在世界自然危險災害名列前茅，臺北市是亞洲最危險的城市。這是過去國土資訊不夠公開透明，已是既成事實，管制就非常難。政府一向的管理著重專家統治，民間專業知識不夠，在地知識與經驗也相對不受到重視。

國土計畫法應該要讓民眾知道生活的土地存在哪些風險，讓人民知曉後，重視人民承受的能力與意願。在法案的擬定過程中，立法院安排委員會逐條審議之前，建議由立院或主管機關與民間溝通，或進行聽證程序，再提到委員會討會，應該比較周延。

關於功能分區，如特殊地理條件的編定，應加強民眾參與機制的建立。其他如原住民核心的祖靈地、農耕地，考量編定劃設，更應與民間加強溝通。

中央跨部會與民間的新夥伴關係，以及如何型塑功能分區，最大的前提就是完整的基礎資料調查。過去在都市計畫法、區域計畫法仍停留開發許可的概念，這個效果是有限的。未來在國土計畫法中要跳脫開發許可的單一概念，應通盤檢討變更，而不是個案許可方式來管制。

原住民議題的部分，邱委員版本中在國土復育專章有納入。但普遍原住民會有疑慮是第三十八條。原住民過去居住環境條件本來就是相對安全堪虞，也有被認定是違建。若法條通過，會恐慌有強制遷移的問題。在訂定的過程中，原住民成為很大的阻力，要處理原住民應盡量尊重他們現有的條件。

另縮短城鄉差距議題，所謂的城鄉差距，並非地景一致化，應拉近城鄉居民的所得、醫療、社福等實質差距，而非地景的差距。希望這樣的觀念納入法的規範。

未來無論都市發展、工業發展，最常見就是從農業區掠取土地。國家政策應標誌出明確的主要農業發展地區、次要農業發展地區，非有國家安全、防災必要地區。除非透過通盤檢討考量，否則農地不應作為都市、工業發展掠奪的標的。

最後呼籲，臺糖土地是最大片工整的農地，但目前被編定為特地用地，其實它是最好的農地，這樣的農地未來在國土計畫法通過時，期望能回歸為農業項目。

講者簡介

國立臺灣大學法律學系畢業。臺灣環境法律師出身，曾任臺灣動物社會研究會理事長、民間司法改革基金會執行委員等職。二〇一六年出任行政院環境保護署副署長，辭官後重新出發 成立「本全事務所」。

海洋環境包含所有的海、洋與鄰
近海岸地區構成的整體，這才是
藍色國土。

調整國土計畫中海洋的空間概念

胡念祖

關於國土計畫法，我認為區域計畫法和都市計畫法本身沒有太多問題，只是欠缺一個原則、機制，只要在高層架一個基本法。

國土計畫法草案對於「國土」的定義，習慣用民國十九年制定的土地法定義，土地法第一條：「本法所稱土地，謂水陸及天然富源。」但文字中「水」怎麼解釋？同法第二條規定「土地依其使用，分為左列各類」，其下四類（包括建築用地、直接生產用地、交通水利用地及其他土地）中，除「交通水利用地」中指涉「水道、湖泊、港灣、海岸」、第十三條指涉「湖澤」外，均無涉「海洋」或「海域」者。很清楚的證明，土地法是沒有海洋思維。其他有關地籍測量、土地登記、土地使用、土地稅、土地徵收等條款均屬「陸域」觀念。土地法施行法中各編、各條亦均屬「陸域」之概念。土地法架構下的概念，土地就是乾的土地，與海域沒有關係。

現在常提到「藍色國土」，這在我的概念裡是海洋，不是國土，把海洋視同國土一樣珍視保護。而陸域不等於海洋，海洋不等陸域。

任何一個靠海的國家，在國家領域分為三類：陸域國土、海岸地區、海域。三塊國家領域本質完全不同，不能用同一套法律概念去處理本質不同的事務。陸域是國家絕對主權、私人所有、可地籍測量、有地權歸屬，所以每個縣市都有地政處處理人民權利義務的事情；海域則非絕對之國家主權及於領海，還包含主權權利與管轄權及於專屬經濟海域與大陸礁層，是人為、法律的產物，沒有地籍測量與地權歸屬，是國有公用海域；而海岸地區是海陸交界地方少有地籍測量與地權私有，生態敏感、生產力高是以需要保育。

一個海洋國家有三大領域，這是地理的現實，一個國家在憲法層級之下應該有三大領域的立法：海岸法、海域法和國土法。在三大法之下各有功能性立法，像是海域法下有海域使用管理條例、海洋污染防治法；海岸法下有商港法、漁港法；國土法下有都市計畫法、區域計畫法。功能性立法臣服於上位的原則立法。

世界上只有一個海洋，為了這個海洋，訂定了一本國際公約。一九八二年制定聯合國海洋公約，規範全部人類在海洋的活動；一九九二年地球高峰會的二十一世紀議程，其中海洋專章開宗明義：「海洋環境包含所有的海、洋與鄰近海岸地區構成一個整體。」但我們卻認為海岸地區是陸域，落後世界多少年！

另就理念上所產生的問題，國土計畫法中，「國土功能分區」指基於（國土）保育利用及管理之需要，依「土地」資源特性，所劃分之國土保育地區、農業發展地區、城鄉發展地區等，完全是陸域思維，加上突兀如盲腸般的海洋資源地區。將海洋（域）與陸域兩個本質不同的自然環境混在一個法律內處理。國家立法典章制度，一開始就觀念錯誤。

當我們陸域任何區域計畫把海洋資源地區加入，就忽略了海洋不只有資源的概念，還有空間概念。行政院版本提到地方政府擁有海域管轄範圍，訂定實質發展及管制之國土計畫。邱文彥版本提及納入海岸、島礁及海域，以及地方政府海域管轄範圍，訂定實質發展及管制之國土計畫。不但給縣政府海域管轄權，還給實質管轄，這都是會產生問題的。

講者簡介

美國德拉威爾大學海洋政策哲學博士。現任中山大學海洋政策研究中心主任、海洋事務研究所所長。

國發會在空間議題不夠重視內政部，決策應與內政部共同規劃，各部門計劃應提出國土層次空間需求。

建立國土空間秩序與機制

林盛豐

我要強調的是以往每次討論國土計畫法，未來國土計畫該做的實務都立刻爭相提出卡位討論，導致每次都談不完。國土計劃法是機制的問題，國土計畫與國土計畫法仍兩個層次，應分開討論。

回歸當時立法目的，是向永續發展傾斜的法律，核心價值是永續發展，試圖建立土地利用的秩序。當時缺乏海洋概念，海洋一句都沒有，邱委員提醒下的海洋，所以就加了個盲腸。

當時是要處理國土空間秩序的建立，重大部門計畫的整合與重大建設的配置。各部門計畫應提出國土層次的空間需求，結構計畫應該明確化。到國土單位彙整出現衝突，而營建署憑什麼處理衝突，遇到困難。國發會對臺灣有發展的看法，落實到國土的土地使用規劃，就轉到營建署去做空間整合。因此發展的問題，由國發會提，而協調整合的工作應交由院級首長或政務委員處理。

許多制度、機制未必訴諸於法律文字。研究單位及研究經費都是不可或缺的。國土計畫法中有關非都市土地使用管制，當時是要取代區域計畫，地政單位的本職是管理而非計畫，規劃仍須回歸營建署或將來的國土計畫單位。當然，計劃成功與否的核心概念需要專業的支撐，而落實與計畫後的執行力也有待考驗。另外，國發會在空間議題面向不夠重視內政部角色，國發會是進行預算、產業需求的策略規劃，決策應該把內政部帶進共同協助規劃，空間、預算資源、法律幕僚應一併合作，空間問題不應該被忽略。

最後，最大阻礙來自原住民立委，掛慮的是往日所有的法規都找麻煩，過去的負面回憶，包括補助不夠、輔導不足、受理不聞問等。因此，嘗試模擬進行規劃後的國土計畫，使其了解僅是管理單位簡化，盡量消除原住民族的疑慮。

講者簡介

美國加州柏克萊大學建築博士。現為監察委員，實踐大學建築系客座教授，曾任淡江大學建築系系主任、行政院政務委員、行政院國土規劃推動委員會召集人、行政院永續發展委員會委員。

行政機關回應

營建署　許文龍署長

身為國土計畫法的幕僚單位，我提出幾點建議：首先，區域計畫等現行制度的不足，如何轉型到上位國土計畫法，需要一起努力。因此，應從現有的基礎轉型到未來的計畫，到未來的轉型還需要六年，基本上還是挺費工夫的改變。思維的轉換很重要也很務實。從區域計畫到國土計畫到底要包括什麼？國土保育、國土復育概念的明確化，防災、氣候變遷也納入，海洋部分這次也進來，但是我們承認，就海洋的基本資料是嚴重的不足，所以區域計畫或未來國土計畫的相關會議中，各部會無法取得共識。再者，四種分區都提出來，尤其是國土保育區，將來在國土保育區，有嚴格保護和絕對禁止開法或強制徵收等。

至於民眾的參與，尤其在原住民領域，過去他們有表達擔憂的聲音，未來希望擬定特定國土計畫，也開始模擬司馬庫斯這塊，與他們多溝通，若這個版本能為原住民接受，將能建立起模式與案例。

原民會　杜張梅莊處長

為什麼原住民立委，對制定土地的相關法律非常緊張，因為原住民立委花很多時間做土地協調案件，在原住民族土地的相關法令規章，都令原住民非常痛苦，過去制定時就註定他們違法。目前原住民土地建第三百多萬公頃，要住二十八萬多人，但是這些建地又不可能蓋社會住宅，所以原住民對於這個區塊很恐懼，所以要透過立委來做協調。

原民會的立場是，第一要歸類到特殊地區，第二是事前的參與機制，例如使用管制的擬定，原住民必須有參與機制。

海巡署　林鴻鈞科長

我們未來會成立海洋委員會，現在有海推小組。有關今天的會議，我們知道國土計畫法非常重要。海巡署有一個核心願景，我們以藍色國土守護者自居，我們會依照國土計畫規範的事宜，會依法結合主政的單位，來落實藍色國土能永續發展。

地政司　王成機簡任技正

回應胡教授提到海域要有專法的議題，我個人認為海域一定要管理，因為有排他性的區域，像是離岸式風力發電機、海底電纜，導致這個地區漁船無法經過。

國土規劃當然要有國土的資訊（土地的利用現況），地政司和國土策略中心合作，每年都在做國土利用調查；國土監測部分，從去年開始整合海岸變遷、河川變遷及山坡地的變化等，由地政司和國土策略中心來監測，將資料回歸給相關部門使用。

行政區劃法從民國八十幾年就開始，目前還躺在立法院。當前行政區劃法遭遇的困難是部分原住民委員，希望行政區劃法、國土計畫法和原住民自治法綁在一起審；再來，鄉鎮市區的區劃，應該回歸到縣市政府來處理；另外，還有部分委員認為，行政區若有變更，民意代表的選區會有變動。

國發會　謝敏文簡任技正

我們現行的國發計畫認為，計畫要引導預算，除了做GDP的推估外，也要求跟部會合作，未來四到六年，共同就中、長程的發展，部會的施政與議題要在國發計畫展現出來，再回到部會的施政計畫。後續根據我們的預算、公共建設、科技發展計畫或社會發展計畫產生綱要計畫。

全國國土計畫與縣市國土計畫，在九十九年時是議題導向的策略計畫，因此在國發計畫中會有空間導向的建設展望，例如產業需求、綠色通道計畫，土地簡化程序，這些都攸關土地使用計畫。而策略型方案則回應產業需求，要求行政體系依此通過執行。

最後，關於國發會扮演的角色，為因應短、中、長期的策略計畫，涉及空間設計的配置，而內政部則是規劃長久體制發展，兩者應加強溝通合作機制。

篇二、國土計畫法啟動

國土計畫法施行的準備與後續作為
專家座談會

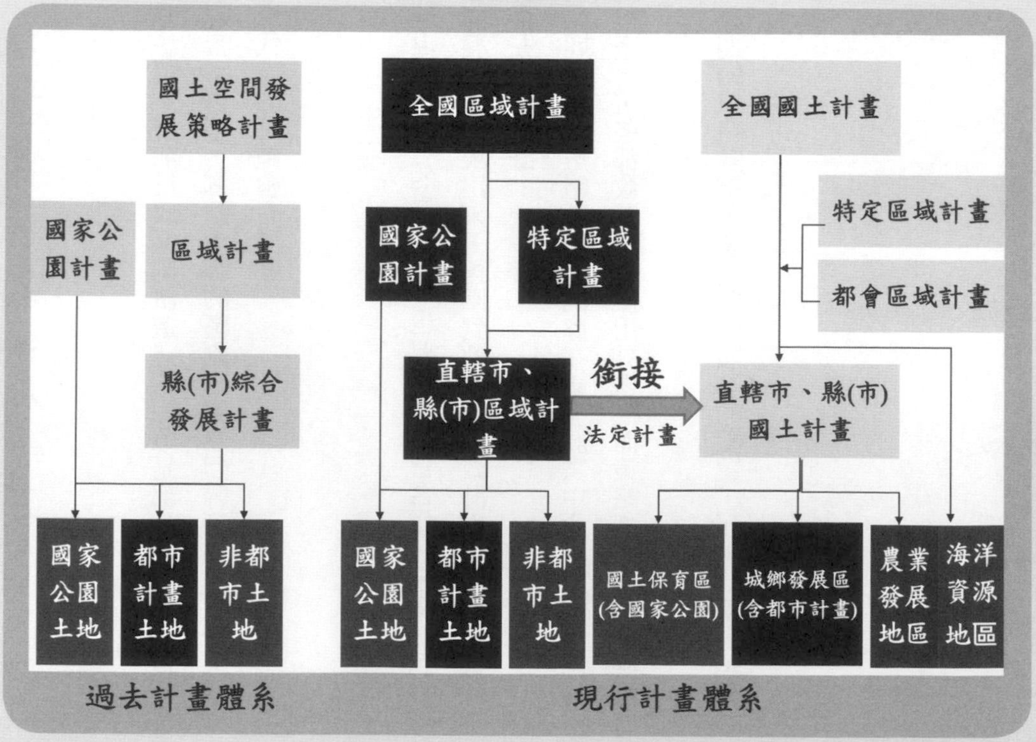
國土空間發展策略計畫
區域計畫
國家公園計畫
縣(市)綜合發展計畫
國家公園土地
都市計畫土地
非都市土地
全國區域計畫
國家公園計畫
特定區域計畫
直轄市、縣(市)區域計畫
衔接
法定計畫
國家公園土地
都市計畫土地
非都市土地
全國國土計畫
特定區域計畫
都會區域計畫
直轄市、縣(市)國土計畫
國土保育區(含國家公園)
城鄉發展區(含都市計畫)
農業發展地區
海洋資源地區
過去計畫體系
現行計畫體系

「通過國土法即回應九二一大地震、八八風災等重大災害，讓國土依自然條件發展，應可告慰因天災而罹難的同胞。」

國土法銜接整備

邱文彥

我們努力二十多年的《國土計畫法》正式實施。長久以來，各位在工作崗位及專業領域上，前赴後繼為這塊土地努力付出，這是臺灣持續承擔與關心公共事務，令人感動的故事。

《國土計畫法》公布後，預計將有二十一個子法待訂，後續仍有諸多挑戰，包括：（一）相關法律如《區域計畫法》之過渡銜接，《溫室氣體減量及管理法》與國土之調適，《海岸管理法》、《濕地保育法》有關「海洋資源地區」的整合等問題，應未雨綢繆；尤其溫管法與國土法的互動關係，跟永續城市、韌性都市特別有關係，需要深入討論；（二）一定規模以上部門計畫，相關部會在先期規劃階段如何依第十七條規定徵詢、協調、整合或決定；（三）因應氣候變遷和國土保安，有關生態敏感地區或災害風險地區之調查、統合、資訊揭露與如何納入國土計畫，有待進一步強化；（四）國土保育基金的額度和補償方式，須預為精算；（五）中央與地方對於土地分區的看法、管制績效和是否儲備發展用地，必須強化溝通；（六）國家級國土規劃研究專責之法人或機構，如何整合或指定，攸關規劃品質；（七）《都市更新條例》遲遲無法修正通過，在因應最近環太平洋地震頻發威脅下，大規模「公辦都更」或「都市再生」，應如何推動，或如何與國土計畫配合，極為迫切。上述問題，都需要進一步討論。

一本初衷，今天討論針對《國土計畫法》準備及施行概況進行了解，檢視有哪些不足之處，未來著力的重點何在，希望通過討論後能產出比較具體、明確可行的推動策略，作為政府推動《國土計畫法》的參考依據。

即使明定法律，政府也要有魄力執法，至於中央主管機關和各部門間的矛盾，則應由國發會處理。

國發會統合　肩負轉軌成敗

林盛豐

國土法密切關係到民眾權利，過去學者專家曾提出諸多要求，但最後圖就畫不出來。國土法從《區域計畫法》轉過來，權利義務可說沒有變更，稱為「轉軌」，因此首要步驟應該是要轉軌成功、平順。縣市長的策略分區，即在表達他們的理想與期待，需要保護的土地或農地，碰到問題就需提出來討論。實務上確實會碰到許多問題，包含違規工業區的問題。縣市首長提出想法時，若碰到農業保留區等，將是首須處理的問題。

行政院平臺　副院長主持協提統合

國土法希望在行政院有一個平臺（即國土審議會），但上位的統合應在國發會，且應由行政院副院長主持跨部會的協、提、統、合，目前的政治氛圍，國土法看似不會是國家施政重點。國發會為何一直沒有處理剛剛提到的問題，包括少子化、地球暖化的問題，將來應轉化到大型公共建設或土地使用，否則像學者發言。國發會訂定的氣候變遷調適、少子化因應、區域均衡發展的政策，也要明訂在各部會各項政策中，才能有效落實，亦作為營建署的參據。未來可簡報國發會要如何指導營建署，中央主管機關也應邀集相關機關討論，如何在《國土計畫法》表達其發展構想。

至於中央主管機關和各部門間的矛盾，則應由國發會處理。另外人力嚴重不足的問題怎麼解決？應儘快辦理各縣市的 workshop，涵蓋學界、工程顧問公司的人力，不能讓各專業狀況外。此外，國土規劃的資料庫情況，也需要盤點。

國土法不只要關心調適部分，也
要思考空間發展、總量發展對整
體減量上的效益。

均衡發展與執行上的挑戰

郭翡玉

未來國發會和主管機關的責任更大，任務更多。當前國土法執行上的挑戰如下：

（一）中央與地方的協調整合困難，法令內有規定地方的計畫內容，未來中央必須與地方加強溝通的。另需要溝通的牽涉四個功能分區劃設部分，尤其是國土保育地區。未來，營建署在保育地區的劃設準則，需要明確告訴地方，那些地方非得劃設為國土保育地區。

（二）部門與部會間的關係；亦即內政部作為主管機關，需要如何面對與其他部門的關係？依法；「一定規模」開發要徵求主管機關意見，「一定規模」到底要怎麼訂定，諮詢意見要怎麼寫？未來訂定相關辦法時，部會間要有相當程度的討論，建立默契。否則以營建署現有的人力（一個科七個人）實在是難以順利進行。

（三）民眾權益的關係如何保障？關鍵在功能分區圖。分區圖的劃製雖然中央會先行草擬，但最後劃設權力終究還是在地方。分區圖對民眾影響很大，若要落實計畫的管理，後續勢必會有不符合分區圖部分的問題。此部分涉及到執行的可能性，政府把錢準備好了，還要評估民眾的接受度。過程中需要考慮社會層面的影響（social impact），這部分可能還有將近五、六年的時間，應做好準備。

（四）落實依法管裡，未來每個縣市人力上的分配的編制額是否足夠？綜合組、城鄉分署等人力是否充足都需要檢視。

（五）另外，就《國土計畫法》部分，談得比較多的是調適或防災。《溫室氣體減量及管理法》談的是減量，減量在整個都市發展對於排放量還是很有關係，未來在《國土計畫法》不論是在中央還是地方，不只要關心調適部分，也要想想這樣的空間發展、總量發展對整體減量上的效益，這是目前大家談得比較少的部分。

國土均衡發展一直是我們關注的議題，在審案件時，已要求考慮區域均衡項目和氣候變遷的調適。將來國土計畫的落實，政策的串聯非常重要。

講者簡介

現任國發會政務副主任委員，前國家發展委員會國土區域離島發展處處長。於美國耶魯大學環境研究學院碩士與國立臺北大學都市計畫研究所博士的學歷背景下，發揮都市、區域及國土空間發展規劃、國土保育策略、永續發展及氣候變遷調適政策規劃的專長。

全國國土計畫在一個願景下去做，它是個計畫法，很多執行面要跟不同主管機關及法律扣合。

國土功能分區 轉換、劃設是重點

陳繼鳴

營建署在內部的分工，由綜合計畫組負責，該科全員連科長七個人。全國國土計畫由城鄉分署負責，對應的有一個科，顯然不是我們自己能做出來的。所以後續工作已成立規劃推動小組，啟動三到四個規劃案，一併配合國土計畫研擬的過程，進行紮實的調查與相關工作。

中央、地方初步規劃要共識

未來，國土整個空間結構將是重點，國土功能分區怎麼轉換、劃設，用地如何處理，都是涉及人民權利義務，需要謹慎處理。國土法將防災與復育擺在很重要位子，目前這兩部分準備啟動，並將尋求相關團體進行協助。

全國國土規劃只有一年（一〇六年）的時間可以進行，一年（一〇七年）要審查，十分緊迫。在各縣市部分，地方政府整體性規劃的經驗非常少，所以實際上到底要怎麼做，需要有更多的互動。起碼在全國初步計畫的架構、內容上要有共識後，才能推行地方計畫。因為倘若上位計畫不清楚時，下位計畫就會有問題。尤其在功能分區上的績效管制、成長管理，這塊在地方政府這邊看法不一，例如農地保存到底要保存多少？從北到南走一遍後，目前似乎沒有一個縣市願意照我們給的配額去進行農地保存，各地方政府都希望預留發展用地。所以，這一部分需要有政策或輔導機制處理，這也是城鄉分署未來幾個區隊要去兼顧的責任。

講者簡介
現任營建署副署長。具有國立中興大學都市計畫學系碩士學位，曾任營建署簡任技正、副組長、組長及城鄉發展分署分署長等職務。

長久以來，土地使用管制都是地方政府劃設，不曾有問題也較適當，中央主管機關只負責審議。

分區圖攸關所有權公開公告 蔡玉滿

國土計畫分區圖會影響到每個土地所有權的權益。目前，非都市土地是使用十一種使用分區與十九種使用地進行管制，未來則是以四種國土分區取代，所以制度轉折極大。雖然母法的規定是在最後兩年進行作業，但因為變動大，部裡規劃的程序已在進行中，不須等待縣市政府。希望在一〇六年底前就擬定全國國土計畫分區圖草案，但此部分畢竟還是草案，因為國土分區主要還是看現地，所以將來中央會結合地方政府的資源，與第一線同仁做進一步確認，檢視規劃草案合適與否，符不符合既有理想等。國土功能分區圖亦須辦理民眾公開參與的程序，後續也會有公開展覽及審議，相關作業預計在一一〇年五月一號要完成。

土地白皮書 中央原則地方作業

長久以來，土地使用管制都是地方政府劃設，不曾有問題，也比較適當，中央主管機關只負責審議，規定很清楚。未來中央將針對國土法訂定分區劃設原則與程序，供縣市政府依循辦理。直轄市和各縣市部分，依本法的程序，規定一〇九年（一〇七加二）五月一日前，十八個直轄縣市將一併公告實施。考慮到縣市政府需要更長時間進行作業準備，所以內政部預定於一〇六年，全國國土計畫雛形已定後，即進行補助、協助縣市政府辦理相關規劃。

至於國土白皮書的定期公告，依照《國土計畫法》施行細則，以兩年公告一次為原則。目前規劃一〇六年五月一號以前，要把國土政策、國土白皮書提出，並在網頁上公告。另考慮到上述工作事項和國家發展及人民權益有高度相關，所以營建署針對國土計畫已成立了一個專區，短期內叫做《國土計畫法》專區，完善之後會叫做「國土計畫E化網」，後續相關法規以及相關國土計畫草案等，都會在網頁公告，讓社會大眾一同參與。

講者簡介

內政部營建署綜合計畫組科長。

落實由地方做起！新北市從區域
計畫轉到國土計畫，對整個策略
已有構想。

執行管理明確化　協商機制細緻化

陳仲賢

國土計畫是由上而下或由下而上，先求有再求好，逐步調整，由粗而細。新北市區域計畫已是最快的，從區域計畫轉到國土計畫，對整個策略也已有構想。土地使用調整要符合環境容受，以儲備和創造適宜性及生態永續發展的能量，是新北市在區域計畫和未來轉型到國土計畫中努力的重點目標。至於未來中央各目的事業主管機關之間，對於區劃那條線要怎麼劃，要互相溝通。

為了使城市未來更符合相關注的綠色、低碳，新北市都市計畫施行細則已施行，新北市都已做了相關準備。例如，中央有《溫室氣體減量及管理法》，新北市也有《能源管理法》，希望能減少熱島效應。

政院擔負協調管理　海洋主管機關需設

目前眾所關心的是二十一個子法，如何如期且執行。個人最擔心的是海洋資源區，海洋資源區比陸地大了許多，營建署絕不是海洋主管機關，海委會到底要不要成立，眾所關切。未來海域調查、規劃和執行單位的分工還有所欠缺。過去國發會負責國家中長期重大經建計畫績效斐然，建議行政院下設協調委員會，關注未來國土計畫對管理協調的問題。

至於民眾權益問題，需要溝通，劃設復育區或潛在敏感地區，都將影響民眾權益，因此賠償、補償標準與機制是很重要的。其他子法方面，關心的是公聽會如何設立和檢舉機制如何建置。將來國土計畫若期許太高，走的速度就慢。應該先行通過再將其細緻化，才能順利將《區域計畫法》轉接至《國土計畫法》的架構裡。

曾請營建署計算土地容受力、土地乘載力，北臺灣算出來後，其他地方沒有動靜；而後續我們又要做什麼？

前瞻與專業　為國家方向機制定調　李鴻源

中央與地方的分工，跨專業與跨部門的整合很重要。營建署及內政部不太可能單打獨鬥，需要結合防災、農業、水利等許多不同的專業。要怎麼落實，我們的期許是什麼，是我今天要闡述的重點。我們今天都要忙著解決昨天的問題，氣候變遷、少子化、老人化的觀點都會影響國土利用、交通概念與都市概念，但今天沒有談是因為我們都清楚他們歸屬在不同主管機關。

亡羊補牢需跨專業智庫

根據過去經驗與觀察，發現一些為難之處，例如：

把八百萬人塞在桃園以北，若框架不架設好，將會產生城鄉差距問題，這些大原則由誰來定？不該僅是內政部營建署。

桃園航空城的規劃，我個人持保留態度，因為旁邊閒置的工業區一堆；淡江大橋要蓋了，對面有一個一期、二期空地。這其實是一件衝突的事情，為難之處就是到底誰來寫指引綱領（guidelines）。

包含高鐵通車，整個發展規模改變了，並沒有反映在國土使用上，行政中心到底要不要遷到中部去，用什麼命題、又由誰來命題？中科、南科的缺水問題，先前在政府部門不好講，講了以後問題是後續要做什麼？

曾經請營建署計算土地容受力、土地乘載力；北、中、南、東各可以承載多少人，應該是整件事情的基本原則，如今北臺灣算出來了，其他地方沒有動靜；而算出來後，後續我們要做什麼？過去經建會寫了一本氣候變遷報告，也劃了災害潛勢圖，作為規劃使用，但我們下一步要做什麼？資訊中心已經把國土規劃資料整合成一個資料庫，內政部手上也有好多的資料庫，如何讓資料說話，如何讓資料變成一個政策、決策的依據。後面應有許多的專業支撐，但是在目前政府運作裡面是看不到的。過去國發會、營建署對話狀況並不好，又牽扯到其他部會，未來在《國土計畫法》的執行，行政院需要有一個定調機制。如先前所說，那幾個大的命題是誰要來命，否則國發會、營建署也很難執行。各部會間協調遠比想像困難，本位主義的想法嚴重，當初大埔案鬧得不可開交時，請營建署向工業局拿工業區資料都有困難，部會之間有衝突時，到底誰要來做決議？合作、溝通常常陷入僵局。所以，如何把更大、更上位的東西加入，才能突顯這部法的重點。少子化、老人化、節能減碳都沒看到，我們真的需要將之融入在計畫法中。

我們可能需要一個跨專業的智庫，把政府的腦袋找回來。這部法如果前面的命題沒有談，最終可預想將與《區域計畫法》沒有差別；國家的大方向，對國家土地合理的使用與期許到底是什麼？這方向是欠缺的。資料的品質與尺度也非常重要，問題是資料庫的資料夠細緻嗎？例如，海岸線的沖刷問題，交給水利署的話則會被限制在海岸以內思考，這樣的東西到底是誰要來告訴營建署？我們應認真思考，既然對這部法有這麼高的期待，應該協助建立智庫，我們需要的是一個跨部會、跨專業的專業團隊。

部會間的溝通，應建立協調機
制，起碼要有個政務委員主導。

行政分工　機制明朗　智庫中立

華昌宜

國土計畫法最早版本是土地使用管制，第二階段區域計畫法變成國土計畫法，其實就是國土空間法展策略的轉換，需要技術上的溝通；由於中央與地方間的隔閡，如何讓兩層級單位溝通至為重要。

無論國土計畫或是地方計畫，說明會都是預擬的草案，規劃的過程中，官、學、企業都要參與。部會間的溝通協調，成不成功除了要看個人，還要看相關的行政分工是否清楚，故應建立協調機制，起碼要有個政務委員主導，機關要清楚方向，行政院也應該要挪一部分資源注重此事。地方計畫的規劃與參與，機制程序應該要更為明朗。

以上問題各方都很清楚，各地方、各單位的權責分工定要清楚，但亦須互相合作，當中還需考慮效能與公平性的取捨問題。李教授提到的智庫，必須是中立、跨部會、跨政黨獨立的研究的機構。韓國的智庫（KEI）隸屬政府，機構比想像還大，研究資源六成由政府編列預算，四成經費須與外界競爭以維持活力。

透過「使用許可」方式，只能在功能分區內變更土地使用。如此便能達到宏觀的國土規劃。

開發許可制　使用許可制　大變革

李永展

有關國土白皮書，每兩年公布一次。日本做法也是依一樣，建議除了國土白皮書之外，另建立國土政策白皮書，搭配趨勢分析，如英國做氣候變遷風險評估，由副首相辦公室製作。

國土法第十一條規定，現階段由內政部擬訂、審議，建議「規劃建議區」，鼓勵各機關共同參與。第二十四條，以前為開發許可制度轉為使用許可，為一大變化，國土計畫法中，農三有機會變成城三，分區對調，現在通過的版本內「使用許可」最為重要，城鄉發展區做為第一類第二類使用，農三可否可轉變，國土法規定，不同分區間的變更只能透過變更國土計畫，五年一次「通盤檢討」，無法「臨時變更辦理」，不能化整為零，漫無節制的變更，應讓大眾更清楚知道。民間團體不需擔心以往開發許可弊端，將保育地區變成開發地區。

國土功能分區，現階段全國區域計畫環境污染地區，無法管理財產與權利義務，假設六年的時程計畫為目標，兩年內建構國土計畫大原則，四年後各縣市彙整呈上中央審議成為國土功能分區圖。建立縣市、內政部、行政院審議會，並廣為宣傳。建議所有利害關係人，納入地方與中央層級。

籌措國土永續發展基金

依規定不能開發面積超過三成，基隆唯一例外，可開發三至五成，降低容積率，此例外情況應說明，並配合國土永續發展基金設立，補償機制，各縣市 Down Zoning 部分要由國土永續發展基金或回到各縣市管理。若牽涉到全國海洋資源保育應該由國家角度扛下去。

又如第四十三條政府應整合國土計畫相關之法人或機構，不該包生而不包養，我國相關機制相較於韓國仍有不足之處。又第三十八條明定罰則，中央查報法之罰則若為必要，務必檢討其人力配套。

講者簡介

中華經濟研究院第三研究所研究員，專長為國土規劃、城鄉發展、社區營造。美國密西根大學環境規劃博士及都市設計碩士。曾任桃園縣政府城鄉發展局局長、桃園市副市長、行政院國家永續發展委員會委員、內政部都市計畫委員、內政部區域計畫委員。

若要讓國土計畫用參與形式具體落實，建議透過大尺度的公民參與做為實驗。

時代腳步上 遠景 專業 共識

劉欣蓉

過去我曾以積極方式遊說廢除都更條例，以回歸都市計畫。用都市計畫想像擬出來的都更條例，最大問題是沒跟上設計為導向的時代腳步，遇到問題時不同學科之間雞同鴨講。

就如臺北市政府社子島舉辦國際工作坊，被認為工作方向失敗，因為發展局不知道四個荷蘭專家提供的規劃架構。荷蘭進行規劃時，就是以設計為主，不僅有都市形式，還包含如何溝通。從經驗當中理解，特別在談國土計畫中非常重要的空間計畫時，以生活品質角度去塑造一個好的宜居的城市。建議全球化其實是全球在地化，國土規劃應將產業發展和政府部門一起結合設計。透過參與過程，讓國土計畫應有一個設計的想像，包括設計遠景、視野如何讓大家形成共識，才不會只是報告書，因此重點應放在如何得到共識。

由於建立願景、如何共識到協商公聽的專業能力不足；如目前國土計畫法第十二條條計畫擬訂，透過邀請學者專家民間團體舉辦座談會，送審前有公告展覽三十天舉行公聽會，為一典型模式；第二十四條、二十五條中請許可過程也要辦公開展覽；但第三十四條爭議訴訟還沒納入，未來如何處理還需討論。

他山之石在細節

案例供參考；曾於拜訪紐約市政府顧問，紐約市土地使用進行開發許可審議流程時，是以地方電子報方式宣導何為審議，再分為六階段公聽會過程。若由公部門提案，須徵詢社區意見，由都市計畫委員會召開公聽會，因為有許多爭議開發案，地區居民不願開發強度過高帶來衝擊。一個開發案，都市計畫委員會連續聽七小時正反意見，經整理交給市長、首長決定或否決，但議會也可以三分之二否決市長意見，到第五階段以前都各有一次公聽會。

案例二為哥倫比亞省為因應氣候變遷，當局製作土地規劃使用手冊，用字淺白寫給市民看，關鍵處是一定要有溝通策略，並以社區為基礎，規劃過程並納入不同的聲音。

案例三為西雅圖市華盛頓大學景觀學系長期與地方進行環境規劃設計，曾經舉辦為期兩天的工作坊，邀請大量當地居民，透過各種形式溝通。參與不僅是為社區營造街角花園，也在大尺度上討論系統性課題；前提是好的專業團隊能清楚的傳達資訊，但臺灣少有這樣團隊。去年協助文化部進行文化設施規劃，曾建議編經費找規劃團隊，結果卻找不到好規劃團隊。

若要讓國土計畫用參與形式具體落實，還有很多面相需要準備，建議透過大尺度的公民參與做為實驗。

講者簡介

國立臺灣大學建築與城鄉研究所博士，現為淡江大學建築系助理教授。專長為建築案例研究、空間與社會、規劃設計溝通技法、建築與都市設計案例講座。

篇三、由國土計畫看前瞻基礎建設

前瞻基礎建設視野、緣起與目標並不明確。每個建設應有可行性評估，建設要可持續。

國際經濟情勢動盪　前瞻需上位思考

薛琦

今天在此時談前瞻計畫有特別意義；我國去年貿易順差占GDP的十·一一%，一般認為貿易順差蠻好，但這背後有許多問題。回到總體經濟學的恆等式，貿易順差與超額儲蓄（exist saving）成正比，超額儲蓄背後提醒我國投資嚴重不足。一九八六年，我國貿易順差大約占GDP十九%，但當時透過新臺幣升值，同時政府提出六年國建計畫，某種程度調降比例，大約在兩千年左右降到最低，約降到三%，但此刻這個比例又回到十%。

貿易出現順差與匯率的關係密切，我國現不太敢干預外匯，年初至今臺幣升了七個百分點，過去不讓升值是不對的。正面的力量是貿易順差開始下降，但儲蓄過高，表示投資不足，今日如何提升國內投資應是關鍵問題。

提升民間投資是當務之急

據臺經院的景氣報告，內容不樂觀，提到今年經濟表現最好大約第一季，有二·六%，第二季會掉到二%，下半年只有一%左右，報告中還提到值得擔心國際經濟情勢，說不上熱而是暖（warm），值得憂慮的是國內經濟會變得很冷。提升國內投資，是嚴肅的課題。真正管用的是民間投資，而目前民間投資中，如果除去幾個大企業的投資金額，會發現其他產業是沒有投資的。如臺塑，在美國的投資卻比臺灣多。

建設項目　應有可行性評估

目前前瞻基礎建設視野、緣起與目標並不明確。前瞻基礎建設的確要有上位思考。我於經建會任內的亞太營運中心，其政策概念就是自由化、國際化。

今日著眼的基礎建設帶動發展；細看項目內容，發現有一半在軌道建設，軌道建設涉及幾個基本問題，一個是國土規畫，另一是城鄉建設想法、藍圖、構思。每個建設應有可行性評估，建設要可持續，可行性很重要。

中央地方財務風險高

更重要的問題是財務。基礎建設如果要讓民間參與，會是長期的協約，意味風險也隨之提升。首先是工程的風險，其次是完工後的營運風險，最後則是財務風險。這三個風險中間，工程風險最小，營運風險則牽涉到市場經營，只有財務風險最現實，如果財務無法支撐會讓問題比較嚴重。這需衡量地方能承擔多少？目前地方政府從土地開發與新市鎮的開發層面談願景的思維是有危險的。最後，前瞻基礎建設條例的提出是否符合編制特別預算的幾個條件。在政治凌駕法治的情形下，我特別提醒尊重法治的精神。

講者簡介

臺灣經濟學者與政治人物，曾任中華民國行政院政務委員、臺灣證券交易所董事長、行政院經濟建設委員會副主任委員、臺灣金融研訓院院長等職位。

不管是前瞻計畫或治水，若沒有團隊合作，一個單位提一個計畫，不會成功。

前瞻就是國土規劃通盤檢討　李鴻源

臺灣面臨缺水、缺電、缺工問題，一個六．二級地震即可能使臺北倒塌四千棟房屋，若執行前瞻計畫，能解決上述問題，才稱得上「前瞻」。

因應極端氣候變遷，治水方法要與時俱進，除要與國土規劃通盤檢討，更須與都市計畫、城市設計結合，就是所謂的「低衝擊開發」，媒體慣用的「海綿城市」。治水有一定邏輯，災害潛勢圖做好，中央列出哪些地方需要優先治理、花多少錢，競爭型預算是「大諸侯時代」產物，每個地方首長都覺得自己縣市應該優先，「不能說會做不好，但一定事倍功半」。地方首長藉「民意基礎」凌駕專業，計畫怎麼審都不對，誰來做總體管理？水利工程有一定邏輯，若做大規模前瞻建設，中央一定要分配，分配不好未蒙其利反倒先受其害，地方絕不能主導，請尊重專業，中央可請營建署及水利署通盤檢討，朝向「水敏感」的都市設計發展。未來，不管是前瞻計畫或治水，都必須講究上、中、下游的整合，如果沒有大的願景、團隊合作，一個單位提一個計畫，永遠都是各行其是，不會成功。

國土利用沒有捷徑　正視土地承載力超載

國土利用不能走捷徑，超出土地負荷量，後天再多的努力也無法彌補，沒有科學論證，沒有專業的支撐，無法說服民眾。

臺灣一半以上人口位居桃園以北，民眾抱怨房價高與生活品質低落，政府為因應興建社會住宅，仍集中桃園以北區域，將更多人口往北部區域集中，這使土地承載力超載，牽涉到國土規劃。

於內政部長任內發現臺灣三百個漁港有一半以上閒置。若當政者不思考空間利用，無法負擔後續維護是嚴重問題。陳菊市長曾表示愛河比照臺北防洪，要蓋堤防抽水站，但我認為愛河與淡水河河川特性相異，且臺北防洪概念是三十年前舊思維，解決水患應因應氣候變遷，且現已無多餘經費。當政者需有智慧，跳出南北平等框架。

說到「前瞻」；假如能將行政機關遷至臺中，一方面解決臺北壅塞問題；另一方面帶動中南部經濟，人口、產業就會分散西部平原。當然，這個計畫至少費十年、二十年，公共投資絕不會僅八千億，但有製造較多產值的潛力。中部氣候較好，土地價值較低，過程中將帶動房地產、公共營造業，增加就業機會，城鄉文教資源差異也可獲得解決。此外，只要流域整治與保育概念落實，大甲溪流域水資源尚未充分利用也是優勢。南科缺水一天經濟損失可達幾十億臺幣，而竹科缺水半天，即造成二、三十億損失，面對水源不穩定性，要求用水需求高的大企業留在臺灣越趨困難。

推動水回收　開發水循環　改善缺水

我基本上反對透過蓋水庫解決缺水問題，不能將子孫輩的支票在這個世代全開完。前瞻計畫中預計於雙溪建設水庫，水庫位處山上，靠重力使水流下，但雙溪位置偏遠，附近人煙稀少，水要往哪調？在操作、環保、營運上都會出問題，究竟能提供多少水，水要輸送到何處，計畫邏輯不清楚。又如，福山水庫蓄水量五、六千萬噸，但當地超抽地下水為二十億噸，這不均衡要重新檢視。

過往沒有水回收工作，如果把生活污水回收再利用，一天可回收近兩百八十五萬噸，約是一千萬人用水量。二〇一三年左右，在行政院毛副院長協助下，我召集營建與水利兩位署長，請營建署將丟棄的水予水利署回收，由南到北做了八個示範廠，如果完成可回收三十萬噸水。初期幾個廠繼續推動中，高雄鳳山七廠接近竣工，但後面全部停擺。政府應致力把大部分生活污水回收利用，一來可解決旱象缺水問題；二來可解決南科、竹科缺水問題；還可發展水回收產業，推向國際市場。

軌道不是目的而是手段，並非蓋軌道，就會吸引人口進駐。真心照顧南部居民，應改造安南區，解決當地土壤液化問題，作地質改良。珍惜臺南古都氛圍，讓其特色成為「臺灣的京都」，屆時臺南輕軌才有市場需求。

我常挑戰一個迷思：做鳥籠就假設鳥會飛進來，而未思考鳥為何而來。桃園航空城大量徵收四千公頃土地，但市場需求何在？當時內政部投資二十億建淡江大橋，輕軌亦在建設中。淡江大橋建設將縮短淡海新市鎮及桃園航空城兩者距離，兩個案子如果同存將會產生閒置設施，不久政權移轉，今日皆懸置，淡江大橋興建中，輕軌已開工，但桃園航空城如何收場？

清楚規劃　創造需求　吸引民間投資

高鐵延至屏東，應該要問為何需延到屏東，需要有戰略規劃。假如要在屏東做軌道建設，不如將屏東打造成退休天堂，有最好的醫療設備、護理院及療養院，讓退休臺北人離開臺北，移居南部，屆時談輕軌、高鐵便有需求。政府有清楚規劃，便會吸引民間投資建設。

前瞻計畫不只是建設，有許多部分需土地徵收，關鍵單位的內政部地政司若未參與計畫，將難以推動。本於以上種種，我誠懇建議政府將前瞻撤回，花半年時間邀集專家學者討論。

我所接觸的年輕人希望未來二十年，政府能給一個清楚的願景，他們會自己找發展路線。

前瞻計畫結合科技人文　打造未來二十年願景　毛治國

結合數位科技　打造村里智慧公共運輸

我認為臺灣廣大農村跟偏鄉的目標是未來七八五一個村里，每村里都應有公共交通運輸。但估計今天有一半以上的村里還有很大的改善空間。這些村里所需的公共運輸，有一半以上需要的是小型二十人座、七人座、九人座，甚至是計程車；此外，每個村里都有公共運輸，每天可能五班車，載到最鄰近的市鎮，再搭配其他的轉接等等。大數據、雲端、互聯網甚至於分享經濟在此有運用的空間。這應該是臺灣目前最值得推動的一項社會工程。此技術建置好後，也可以跟高齡社會老年照護作一結合，有相當數量的老年人口在農村。從村里因地制宜，要發揮創意所提供的公共服務是臺灣當前最應該做的。

由此衍伸而來是地方配合問題。交通部分的前瞻預算是四千二百億，進一步攤開檢視，四千二百億僅二〇一七年到二〇二五年八年期間特別預算數目。二〇二五年後，還有一千一百多億要以公共預算編，這未反應在資料裡面。故加總起來，中央需要約五千五百億。另外，始終未浮出檯面是地方配合款。前八年就要兩千五百多億，然後二〇二五年以後還要一千億以上，加總約三千六百億，地方錢從何而來？地方經費可從市政開發等籌措，但如高鐵，今天沿線的中南部車站特定區開發幾乎掛零。而輕軌又能夠有多少運量？

地方配合款如何籌措　應交代清楚

我覺得，首先，在政府開放資料原則下，中央一定要公布試算資料，明示民眾計畫對國家總預算、債務餘額、舉債上限空間等等，究竟造成什麼影響？以及對後任編預算的空間造成的擠壓程度等，做到如此才是負責任的政府。其次，盤點由南到北所有地方政府的債務狀況，並交代償債計畫。在很多的資料可看到，絕大部分地方政府幾乎進入實質破產，或者是破產邊緣的程度。如果再把這三千多億的地方配合款責任嫁接到他們身上，又想從土地開發等等來取得這個債務的話，我不認為地方政府可以承受。前瞻計畫百分之四十的配合款如果無法拿出，是否還做得下去？從財政紀律的角度，從中央到地方，應該要有這樣一個清單把它展現出來。然後地方首長也對此清單負責任，將來要如何面對配合款等。否則，整個問題最後會成為全國問題。

軌道建設應評估盈餘回收

交通部份也未評估「盈餘回收」。都市軌道運輸只有雙北捷運能收支平衡，甚至有點盈餘。但是投資的路線軌道，即便是雙北都不可能回收。以雙北而言，第一期路網的邊際效應是正的，每開一公里增加的收入比支出多。但二期路網以後，數字會逐步遞減。雙北都是這種情形，以南的各縣市營運虧損的狀況更需小心。

現在特別條例裡面有兩條，從財政紀律來講是很有疑慮的。第一點，條例提到，資本門條例裡的預算可以跟經常門流動，這排除預算法第二十三條，其實有紀律問題。背後代表什麼意義？另外，此條例是先匡總預算後再談所有預算將來會有可行性評估等程序，各個細項可行性評估在過程裡面被否定了。

強化數位建設　打造五生環境

我所接觸的年輕人希望未來二十年，政府能給一個清楚的願景，他們會自己找發展路線。同時，他們也很希望政府在經過討論且取得共識後，數位應用方面能多增加預算，因為數位建設是貫穿全局的應用。

他們也希望政府在五個生（生態、生活、生產、生命跟生存）能夠提出願景。生態部分，像是環境、土地的承載力、循環經濟、缺電的問題等等；生活部分，以農業為例，如何無毒有機、履歷認證，甚至產業六級化等等，再如城鄉建設、智慧城市、抗災、樂活社區，從硬體到高齡社會的串連等；生產部分，臺灣過去屬效率驅動，以OEM、ODM為主，但如果沒接單，產業便嚴重受創。因此產值兩兆多、三兆多的ICT產業必須要轉型，但轉型方向何在？如何透過IOT等不同方式為傳產轉型，能否發展出OBM，創造出品牌，然後透過社會企業、社區小鎮再造；生命部分，醫療照護上，居家如何做，社區有多少空間？全臺七八五一個村里都該有托老中心，我任內接手時是一九六一個，離任時是兩千五百個，距離七八五一個還有一段路程。

講者簡介

自美國麻省理工學院留學返國後，初於國立交通大學執教，後期擔任管理科學系系主任。曾任交通部觀光局局長、中華電信公司董事長、國立交通大學管理學院院長、行政院副院長、行政院院長。

前瞻計畫橫跨多部會，各建設都有相關部會主責，國發會積極居中協調溝通，加強橫向聯繫。

強化基礎建設　提升臺灣競爭力

曾旭正

以公共投資帶動國家發展

多年來，政府在公共投資確實是減少的，是故在經濟成長這一塊有需求。當我們再進一步看所謂的投資，根據幾個國際性組織的調查研究，臺灣在基礎建設競爭力全球排名裡面成績不佳。這提醒我們有些建設應該要努力。

前瞻計畫五大項內涵，在二〇一一年民進黨的十年政綱已有提到。國發會二〇一六年開始擬定的四年國家發展計畫裡面，也與這些項目相呼應。因此這些內容立基於過去的政策基礎。

投資五大項目　塑造韌性城鄉

在非核家園目標下，如何在不用核電時不缺電，這便仰賴太陽能發電與風力發電，透過解決臺灣用電問題帶動新產業，這是綠能建設的想法；數位建設是為了因應 5G 時代，數位轉型的需求，計畫裡面也有關注資訊安全；環境建設是因應氣候變遷，要做到不淹水、不缺水，一個韌性的城鄉也要透過水環境的建設來完成；軌道的部分是凸顯公共運輸，目前臺灣各個城市裡，公共運輸市占率多位居新北市以下，長遠來看務必要提升；不僅軌道，農村的部分也可用智慧運輸，或小型巴士來達成；城鄉建設部分，五十年來臺灣投入很多，但在經濟成長未得到相當的成果，原因在於城鄉環境未有相應品質，臺灣值得有品質的城鄉環境。

鐵打的衙門流水的官，我們得靠這麼多公務員執行建設，但要把品質做出來需要花很多時間去溝通，甚至建立某些設計規範，並緊盯相關的發包機制。我們努力讓建設項目符合需求，並有好的軟硬體整合，再透過優秀的設計呈現出來，未來這些計畫都是縣市政府所擬，他們要能提出好的計畫是關鍵。

加強部會橫向聯繫　審核彙整計畫內容

針對很多人質疑國發會在前瞻計畫中的角色。國發會主要是負責計畫的總體面，例如經濟效益、環評、可行性評估等部分。由於整體前瞻計畫橫跨多個部會，各建設都有相關部會主責，各建設項目下的細節，由相關部會說明較清楚，國發會也積極居中協調溝通，並加強橫向聯繫部分。其實經過公聽會、立法院審查等程序後，各部會已經就外界對前瞻計畫提出的各種問題歸納整理，只要外界有疑問，會盡力溝通與說服。國發會除彙整計畫內容，也針對行政程序上進程來掌控計畫的狀況。

前瞻計畫中，軌道建設的經費最高，有人擔心地方政府爭奪資源。依據前瞻基礎建設特別條例草案第五條：前瞻基礎建設計畫應依規定報行政院核定，擬具可行性研究、綜合規劃及選擇與替代方案的成本效益分析等報告，且依法辦理環境影響評估。因此，並非納入前瞻軌道基礎建設，後續的審查便高枕無憂，該做的還是要做。

講者簡介
臺灣大學建築與城鄉研究所博士。曾任淡江大學建築系副教授、專業者都市改革組織（OURs）理事長、臺南縣副縣長、國發會副主任委員，現任臺南藝術大學教授。

由中央政府主導地方政府提案的封閉性決策模式，缺乏開放性透明性。

政府避免成為障礙　前瞻不需急就章

蘇煥智

前瞻計畫給大家非常多的想像，但所呈現出來的內容與現實落差讓人覺得問題很多。計畫內提到基隆到臺北要蓋一條輕軌，但跟臺鐵的路徑重疊，如此效益存在嗎？到底前瞻基礎建設是在什麼樣的動機下提出來？林全上任前，在公開訪問表示他不作擴大基礎建設經濟方案的，因為他認為這不切實際。結果不到一年，他也是被迫接受這樣一個計畫。

這一次前瞻基礎建設計劃，似乎也沒有累積過去幾任總統或院長的經驗，仍然由中央政府主導地方政府提案的封閉性決策模式，缺乏開放性透明性，為集中政治行銷的目的，絕大部分的新興計劃完全跳過「專業的可行性評估報告及審查」的程序，就直接由上而下宣布！

先射箭後畫靶　政策急就章

公開度、透明度、參與度及各項專業評估均顯得嚴重不足，本可以得到許多非常寶貴的提案及觀點，在「先射箭後畫靶」下，違背重大案件審理程序。未來就算各部會提出可行性評估報告，並交給國發會審查，國發會的審查也只是淪為橡皮圖章。

而軌道建設也缺乏戰略觀。如臺灣已有高鐵這種寬軌，是否有可能優先處理寬軌？花一千兩百多億的高鐵建設對臺灣社會及城鄉產業結構影響有多大？如果針對臺鐵做總體的戰略思維，應考慮把臺鐵轉型成寬軌，然後全面高架化，使其成為高鐵備用的替代方案。早期規劃高鐵時，有個方案是要把臺鐵提速。此思維可以同時達到兩個目的。一是讓臺鐵變成高鐵的備用方案，另一是讓臺灣發展寬軌化產業。軌道工程如有機會跟日本系統或是歐洲軌道系統合作，可能不只是立基臺灣，也有可能延伸到國外。

三管齊下治水　重視少子老化　將錢花在刀口

根據我在地方的經驗認為，臺灣水的問題，重點是疏濬，像臺南曾文溪淤積嚴重，這核心問題急需處理。過去這些要靠政府個別發包，根本問題需要思考用什麼方法快速解決，而不是整理一條河川二十年。其次，臺灣有非常多的工程，包含治水工程，是淹水來源。如高速公路建造、水利堤防一蓋後淹水更嚴重。第三，治水區域的流域管理、治理等問題都未落實。如經落實，錢才能具體地花在刀口。

又如少子化問題嚴重，臺灣已經是全世界出生率最低的國家，將嚴重影響臺灣社會未來是否可持續性，政府卻迄今沒有正視此問題的嚴重性。青年返鄉要取得土地非常困難，看不到這群有智慧、有行銷力，且吸收現代技術較快的年輕人回去活化自己的故鄉與農村。我們面臨的是七千八百五十一個村落沒落，甚至可能滅村的危機。以高齡化社會戰略為例，行政院閒置既有的兩千五百個長照社區照顧關懷據點，另外成立長照柑仔店，政策完全沒有銜接、接軌，且健康老化的議題也未放在其中。

攸關經濟振興、產業高值化、提振就業的各項對策，也是當前社會各界一致認為應該優先推動的政策，其所需的各項政策及預算，政府理應廣徵各界意見，並作出決策，配合所需預算。當前國家財政困難，其他重大政策也迫切需錢，政府應該總體評估優先次序。如果濫用「凱恩斯理論」，不作客觀專業的效益評估，想要振興臺灣經濟，不但困難還將加速惡化臺灣財政困境。

缺乏戰略思維　無助臺灣轉型

沒有前瞻的原因在於整體戰略目標不清楚，也反應臺灣總體焦慮。就國家競爭力層面而言，我們在ICT產業的優勢還有多少？在國際產業的發展趨勢中，我們顯著太落後，這些危機瀰漫整個社會。有識之士會覺得我們面臨的是結構轉型的危機。而前瞻計畫是否提出一個有助臺灣轉型的策略方案？所期待綠能建設的部分，很多是法規和解釋的問題，現實面對的問題，例如經營海上風力發電業者會碰到漁業衝擊，政府連基本調解機制與仲裁制度都沒有，而交由雙方私了。再如Fintech也是國家的願景，但障礙卻是政府治理的能力與心態，真正建構臺灣願景的不是預算花費，而是政府應避免自己成為最大障礙。

講者簡介

執業律師、政治人物，末任臺南縣縣長。國立臺灣大學法律學士，輔仁大學法研所碩士。曾任臺灣人權促進會副會長、立法委員、立法院永續發展促進會創始發起人。

城鎮之心優先建設鄉村及二、三線城市，希望能提升一些縣市的主體性。

透過城鎮之心　提升縣市主體性

林盛豐

我僅就城鄉建設說幾句；於政委任內推動城鄉新風貌，現在城鎮之心其實是城鄉新風貌的最新版。

這個方案在優先建設鄉村及二、三線城市的核心概念下所推動，主要為了解決南北城鄉失衡的問題。二、三線城市城鎮中心的問題是市政公務設施不足、情況凌亂，且缺乏結構性的計畫來確保空間品質跟引導發展。

帶動二、三線城市轉型

前瞻計畫裡城鄉建設是優先建設鄉村及二、三線城市，同時希望延續營建署的城鄉風貌、農委會的農村再生等等的諸多方案，擇其優者挹注資源。以前可能很多工程進行一半，是故利用這次機會進行跨域整合。

城鄉建設的十大工程是縣市政府層級典型建設業務，將來會由縣市政府向中央提議方案。城鎮之心的願景就是希望方案實施完後，能幫助幾十個二、三線城市轉型。換句話說，希望用城鎮之心的方案來引領其他的方案，然後能有一些整合性的建設。因累積不少經驗，所以願景離我們不遠。

例如新竹市提出大車站計畫跟新竹輕軌計畫，整個新竹的城鎮之心的重要概念是步行城市，所以地方對綠帶、水資源藍帶以及步行系統皆做了完整規劃。又如宜蘭縣政府，他們選擇礁溪進行規劃，並打造步行系統，以上兩案我認為可行度高。

改變城鄉風貌　城鎮之心是關鍵

首先，這次以縣市政府為主體。不只是推動他們做公共建設，也希望提高縣市政府的生產力。地方政府要學會兩項能力，一個是高品質的公共設施，另一個則是簡單的都市設計；**其次**，會選出具示範價值的縣市補助；**第三**，透過北中南三地專業輔導團隊的協助，將公共工程在設計與規劃上較弱的縣市拉抬起來；**第四**，確保專業空間，強化建築師評選機制；**第五**，評選優良營造廠。這些城鎮之心工程，以最有利標為前提。以往地方政府適用最低價標，很多縣市有疑慮，所以我們會透過協談，與工程會溝通，以確保這些工程是最有利標；**第六**，四年期間會有專業經驗交流的機制，讓各縣市相互交換經驗；**第七**，成立中央跨部會的協作平臺，也就是營建署、輔導團與地方政府的協作平臺，並簡化行政程序、統一各部會補助要點、審查機制的簡化、各部會對管控機制的簡化、各種管控表報的簡化減量等。

我認為我們應該要做的是利用這筆預算，提升一些縣市的主體性，這才是最值得努力的目標。

前瞻計畫要付諸實施，必須要有預算，正常的總預算體系，有很嚴謹的法律依據。

即使條例通過　預算嚴審把關

曾巨威

政府要用特別預算，來打破正常制度下的拘束和限制，一定要有非常充分的理由。為什麼連三任政府都會用特別預算的方式來突破總預算的制度？第一個原因可能是，想要透過特別預算的方式，來突破現行對政府在舉債的規範。第二，立法院審預算的時候，規矩跟限制比較多，程序也比較繁瑣，而特別預算編製的前提是要通過條例，條例通過後，等於拿到尚方寶劍，即使後來送到立法院經立法程序，其實嚴謹的程度完全沒有在審總預算的時候完整仔細。第三個是我比較擔心的，就是通常走到這條路以後，可以一次匡列一大筆錢，很容易造成執政的決策者有豐功偉業的感受。因為掌握這一大筆資源以後，他就可以達到政治上的宣傳效果。

針對這些問題，我認為，第一，中央跟地方政府要提出詳實的債務償還計畫，如何還錢，及用什麼樣的機制作償還。

第二，要做到預算和條例分開來兩回事。從歷史經驗看，當政府走到特別條例、特別預算這條路的時候，通常認為條例過了以後，整個預算就過了。前陣子在審的時候，民進黨朋友一直在講你們杯葛做什麼？現在只是條例，條例過了還要再審的，現在杯葛幹什麼。好，我希望你們真的做到，我們把條例先通過，但是千萬不要因為條例過就認為預算已過。

全部經費恐高達兩兆　預算期間與規模皆應縮減

接下來我們再檢討前瞻建設的預算問題。

首先，我們雖然現在通過了八千八百億，還有後續經費一千四百多億，加總後大概超過一兆。第二，歷史的經驗告訴我們，預算在執行以後，經費一定會追加，如果增加二十％、三十％，就多了兩、三千億。第三，地方的配合款部分，照毛院長的說法，大概三千六百億，加總起來前瞻總經費恐怕高達兩兆。

政府強調要有建設，才會帶動GDP成長，我覺得有點疑惑。根據政府公布的前瞻基礎建設前後比較數據，一〇六年度差〇．二，就是做前瞻與不做前瞻會增加〇．二個百分點；一〇七年最棒，大概〇．四；一〇八年再降成〇．二，到第四年變成〇．一，最有趣的是到五年變成負的〇．三，後面最後一年也是負的〇．二。這表示看起來有沒有做前瞻，並沒有太大的差異，甚至還差一點。借了那麼多的錢，去做這樣的一個計劃，可不可以再重新思考一下，要八年嗎？我認為，不論從總統任期或預算制度精神而言，該預算期間與規模皆應縮減至一半。

針對缺失　補強條例　強化監督審查

參考阿扁總統的「擴大公共建設投資特別條例」、和馬總統的「振興經濟擴大公共建設特別條例」，立院初審通過的前瞻條例不僅條文較少，內容不夠嚴謹，也缺乏相關的制衡監督規範：

第一，前兩任建設條文中，各部會、縣市政府須提出計畫、經費需求後，主管機關經建會辦理先期作業審查，政院也須將財務和環評報告送立院審議。前瞻條例相關規定很簡略，國發會沒角色，也忽略送立院審議部分。

第二，執行特別預算的時候，監督審查應該要加強的。阿扁總統和馬總統的兩個條例中，都有這個條文：「如發現因公務人員違法失職而致工程進度未達預定進度百分之八十時，應將執行機關首長及相關主管移送監察院調查懲處」，在這次的條例中不知為什麼卻被拿掉了，只註明審計機關應依法辦理審計。

雖然前瞻計畫條例立法院已通過初審，針對以上缺失，仍應務實面對，盡速修改補強條例。

講者簡介

財稅學者，曾任立法委員、行政院賦稅改革委員會副召集人。長年任教於國立政治大學財政學系，直至退休。現為政治大學名譽教授、中國科技大學財政稅務系講座教授。

篇四、國土計畫追蹤算帳

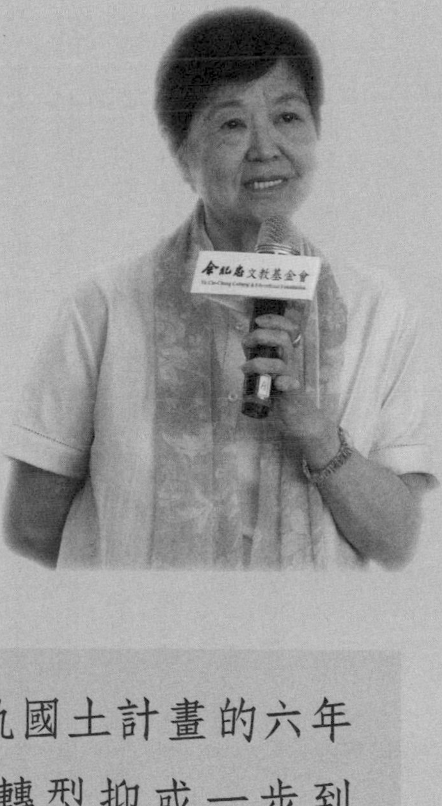

從區域計畫轉軌國土計畫的六年之間，該逐步轉型抑或一步到位，抉擇之間牽涉諸多法律問題。

國土規劃及氣候變遷

余範英、邱文彥

回首國土規劃歷程，自國土法通過後，重擔落在營建署城鄉分署與綜合計畫組，國土法必須在兩年內完成，如何將以往規劃延續至現行法規中，與目前區域計畫在同步推動下如何轉軌，又與國家發展之前瞻建設的推出，延伸出糾結問題重重。如何面對資訊時代，公部門應利用資訊公開與運算，算算「以往的帳」，預測未來的風雨與關卡。

奮鬥二十多年，國土計畫法於前年底經歷無數會議與多人協力完成。基金會及諸位先進持續推動追蹤下，舉辦數次座談會提供政策方向。

投注經年的營建署多項相關計畫正同步執行中，許多縣市已陸續著手區域計畫與縣市國土計畫的轉換。關心農地保護、國土調適、重大計畫的評估及把關、水旱災狀況，揭示國土規劃與部門計畫的關係密不可分，國發會亦更需扮演重要角色。近期屏東、臺南暴雨成災，莫拉克颱風以來災情一再重演，極端暴雨及洪水帶來重重考驗，防洪設施只能應付偶發洪水，非僅洪水頻率保護標準不足，勢必得在氣候變遷調適下重視國土規劃。

川普退出巴黎協定的震撼，使我回想COP20中「利馬對氣候行動的呼籲」強調氣候變化是每個人的責任。過往幾年，國內雖談國土調適、海綿城市、低衝擊開發等議題，仍缺乏進一步落實，從區域計畫轉軌國土計畫的六年之間，該逐步轉型抑或一步到位，抉擇之間牽涉諸多法律問題，思量國土法在落實階段，特別是中央及地方如何緊密合作，又應具備哪些轉型及調適。

余紀忠文教基金會
國土劃歸國土保育地區、海洋資源地區、農業發展地區和城鄉發展地區，建立使用基本原則。

開發到管理 部門規劃、地方治理

陳繼鳴

國土破碎、山川復育、永續治理

臺灣國土破碎，除了中央保育軸，主要河川亦為供應保育軸重要的血管，山與海一脈相承，透過森林保育、環境敏感地區劃設，中央山脈保育軸已然成型，以流域生態復育，串連平原地區與沿海濕地、海洋生態資源，強化河川生態、污染整治及海岸與海域維護，建構生態網絡。依據國土計畫法草案設計之計畫體系架構：未來將透過全國國土計畫及縣市國土計畫等二層級空間計畫指導土地使用。臺灣早有都市計畫及區域計畫法，但缺少完整行政轄區計畫，至今才著手縣市層級規劃，縣市政府應引導土地合理開發利用，促進環境永續發展，落實地方自治也強化地方空間治理。

從開發進入管理 說「再利用」觀點

農地屬迫切需處理課題，帳面上約有八十萬公頃農地，但透過衛星影像分析，發現完整農地極少，農地生產區與食安息息相關，但農地問題層出不窮，未來在農業發展地區第一類規定以農地農用為原則，不得興建農舍。不論都市計畫、國土計畫、農村再生、農業發展法系，皆無鄉村地區規劃，預計明年五月發布後，會陸續啟動，方能與農發條例、農再，或區域計畫方面的農地管理相互連結。國內已從開發時代進入管理時代，建構「再利用」觀點，推動老舊工業區、產業園區、特定區之轉型，若是一個新地區的開發，優先順序則應往後。

訂國土復育促進地區　著手功能分區劃設

為推動復育環境敏感與國土破壞地區，促進國土空間合理發展，訂定「國土復育促進地區」之劃定原則，經劃定之地區應以保育和禁止開發行為及設施之設置為原則，並由劃定機關擬訂復育計畫進行復育工作，恢復受災地區的環境穩定及既有生態體系之功能，以有效保育水、土及生態環境。面對氣候變遷，未來將盤點重點災害地區，透過國土復育促進地區指定來擬定復育促進計畫，例如水土保持、土石流潛勢溪流地區、淹水災害區或是海岸與地層下陷區等，在國土計畫政策面會有整體環境規劃。

功能分區方面，將區域計畫、都市計畫、國家公園計畫整併於國土功能分區中，使國土法連結舊有規範，並具備明確指導原則。國土保育地區依據天然資源、自然生態或景觀、災害及其防治設施分布情形加以劃設，並按環境敏感程度，予以分類；海洋資源地區整合內水與領海之現況及未來發展需要，建立使用秩序；農業發展地區為確保糧食安全，積極保護農業生產環境及基礎設施，避免零星發展；城鄉發展地區以集約發展、成長管理為原則，重塑和諧生活及有效生產環境，確保完整配套公共設施，調整原住民土地並納入此分區，功能分區劃設後即能啟動模擬分析。

強化分區利用管制　部門主管機關責任

現行區域計畫中任一分區皆可透過開發許可方式申請開發利用，未來國土功能分區發布後，在城鄉發展地區才能做都市化開發利用，其餘地區需符合分區利用管制，預計全國計畫在明年完成，接下來兩年著手縣市計畫，最後兩年由各縣市核定公告功能分區圖。

國土計畫並非在計畫中納入所有部門建設計畫，應回歸部門主管機關主導；僅於後續如有新增國家重大建設計畫，涉及空間規劃及土地使用者，依據國土計畫法第十七條規定，於先期規劃階段徵詢國土計畫主管機關意見，以確保部門計畫與國土計畫無競合情形。為協助地方政府推動國土法銜接，未來也將成立輔導團隊，協助縣市國土計畫及功能分區劃設，同時辦理功能分區劃設示範計畫、研訂功能分區劃設作業手冊及國土計畫規劃手冊等工作，使地方政府推行上更順利。

「地表最強」臺灣農地，還要繼續被鯨吞蠶食與摧殘嗎？法規轉軌不可「轉鬼」。
文教基金會

國土法轉軌漏洞與建議　楊重信

近來民眾對環保署諸多批評，雙方雖目標一致但設定標準或有不同，都應追求永續的三個E：環境保護、經濟發展、社會公平正義，三者合一方能因應氣候變遷，追求調適天災威脅之生活與環境。

談到國土法的轉軌，最困難屬將原非都市土地十一種使用分區及十九種使用地之系統，轉軌為四種功能分區、十七項分類、二十二種使用地之新系統，過程中難免面對抗爭、補償、救濟問題，需思考應對方法，若只因性質、發展相似，就「零磨合」、「零變更」轉換，就太缺乏理想性更遑論調適。現行系統有保育漏洞，國土保育用地是以目的事業主管機關已劃設並完成公告程序者為準，各目的事業主管機關為避免民眾抗爭與規避補償救濟問題，勢必不敢增劃應納入國土保育地區之洪水平原、滯洪區、水集水區、特定水土保持區、地質敏感區等。若無專責主管機關補漏洞，屆時仍會出現問題，國土計畫主管機關應負起責任，建議於全國國土計畫明訂「高度環境敏感地」與「一般環境敏感地」之劃設條件與劃設準則，並由內政部主導劃設後，納入直轄市及縣（市）國土計畫內，劃設為第一類或第二類國土保育地區，根據國土分區管制規則之規定實施管制。

利益前提下　舊制無法解決問題

雖然國土計畫法規定：對核發使用地許可收取保育費與影響費，以及對不符分區使用限期變更使用或遷移者給予遷移費，對於原合法建用地依國土計畫被變更為非可建築用地所受損失給予補償等，但此收費與補償救濟機制，並無法解決因國土分區與使用地編定管制所造成之國土利益分配不公平問題。建議建立「平均土地發展權制度」，確立「保障土地所有權」、「公平分配土地發展權」、以及「合理補償土地保育權」。以「受益補償受損」原則，由國土發展受益地主補償國土保育之特別犧牲與國土保育之公益機能。例如藉由不動產稅回收公共投資之資本化效益，或是建立「保育地役權」制度。

農地違規處置　縣市政府應專責清理

確實執行農發條例第三十二條之規定：直轄市或縣（市）政府對農業用地之違規使用，應加強稽查及取締；並得併同依土地相關法規成立之違規聯合取締小組辦理。中央主管機關得訂定農業用地違規使用檢舉獎勵辦法。立即停止讓違章工廠就地合法的「未登記工廠輔導合法經營方案」。其他違規使用亦不得「就地合法」，直轄市與縣（市）政府應提出「未登記工廠」清理計畫。

建議將位於山坡地之農地屬於高度環境敏感地者，優先劃為第一類國土保育用地，加強國土保育措施，且對此變更而有特別犧牲者應依法給予合理之補償。位於山坡地之農地與一般環境敏感地區重疊者，應逐步轉換為第二類國土保育地區；且在維持坡地農業使用期間，即需加強保育工作；國土管理機制應強化，於地方政府成立專責分區管制管理局，也建議簡化檢舉違規使用之資料要求。

前瞻凌駕空間計畫　城鄉要總量管制

八月四號全國國土計畫草案版本透露出訊息：「前瞻基礎建設計畫」之擬訂事前並未徵詢國土計畫主管機關之意見，國土計畫法第十七條僅供參考而已「全國國土計畫」草案僅扮演將前瞻基礎建設計畫全盤納入之角色。未來國土計畫法第十七條對部門計畫之指導、徵詢、協調、以及協調不陳報院核定之規定，恐徒具形式，仍可能一如過去，凌駕空間計畫。

前瞻城鄉建設之在地型工業區開發，其廠址若是既有違章工廠聚落，開發費用應依比例由違規工廠負擔，且課以對周邊農地污染、灌排系統破壞、以及灌溉水源污染等之損害責任。城鄉發展用地應做總量管理，未來直轄市、縣（市）擬訂國土計畫，劃設城鄉發展區時，勢必會藉機擴大城鄉發展地區面積。都市發展用地供給已過剩，且未來人口成長將持續下降，實無再新訂或擴大都市或城鄉用地之需要，另基於糧食安全之考慮，更不應該持續將農地轉為城鄉用地；建議於全國國土計畫明確訂定城鄉發展模式、成長管理以及土地使用指導原則，規範城鄉發展型態、規模與發展秩序。

區域治理與平衡　莫忘核心價值

提升跨域治理效能，近程不調整行政區劃，以現行行政區劃為基礎，成立「區域發展推動委員會」，處理跨部門與跨行政轄區開發、建設、保育以及經營管理議題；長程則考慮以河川流域集水區為行政界線調整依據，調整行政區劃，擴大北中南三都之行政轄區，減少跨域治理介面，提高跨域治理績效。國土計畫的魔鬼藏在細節中，應轉軌而不可「轉鬼」，國土保育、保安及農地保護才是國土計畫核心價值。

講者簡介

美國賓州大學區域科學博士，國土發展正義的捍衛者。曾任文化大學環境設計學院院長、前中興大學都計所所長、中央研究院經濟研究所副所長、內政部都市計劃委員會委員等。

規劃應多人參與為佳，利害關係人及民間團體都介入，計畫才具共識性。

決策政治與規劃文化

黃書禮

檢視多年國土規劃成因與成效

過去提及國土規劃，各方解讀不同，公部門也未必清楚國土計畫內涵，每當災害發生，即出現國土計畫未實質發揮功效疑慮，都市計畫亦然。探視過去我所知的各式計畫：具法定性的計畫有區域計畫、都市計畫，都市計畫曾有所發揮，多少影響都市中開發及保護區的執行，反觀區域計畫功效較差。過去法定計畫無成效，各種條例因而產生，但往往凌駕母法之上，需討論國土法未來如何面對這些問題。除法定計畫外，尚有無法定性計畫，例如環保示範社區、節能減碳計畫等等，制定無法定性的計畫，主要因法定性計畫中沒考量民眾注重的議題，但計畫缺少延續性。就如參與今日全國國土計畫時，營建署特別注重違章工廠，希望將此議題納入，納悶的是過去實行都市計畫時，並沒有處理違章問題。

中央部會是戰場　先著手地方國土計畫

一般政府機關委託學術機關或顧問公司，由少數人完成規劃，我認為這樣不合理，應多人參與為佳，利害關係人及民間團體都介入，計畫才具共識性。處理全國國土計畫時，組織全國國土空間發展規劃諮詢委員平臺，楊重信老師是召集人，此平臺提供幕僚諮詢，主要規劃內容由二十多位委員共同制定，而不是少數幾人完成，希望臺灣的規劃方式得以改變。規劃程序及決策應合理透明化，執行方面，內政部與其他部會將是大戰場，但地方國土計畫較有使力空間，關鍵在於程序，國土計畫手冊尚未編訂，地方政府即開始委託規劃公司，先後順序應對調，未來仰賴陳分署長多擔當，若無明確指引，只怕亂了陣腳，或苟且依上位者喜好規劃，希望多方討論思考，並歸納見解。

講者簡介

美國賓夕法尼亞大學都市及區域規劃博士，現任國立臺北大學都市計劃研究所特聘教授，並兼全球變遷與永續科學研究中心主任，曾任臺北大學學術副校長。研究領域包括：生態土地使用規劃、都市能值評估、都市系統模擬，以及與全球環境變遷相關之都市與土地研究。

諸多轉軌問題，我並不建議一次將漏洞補完，否則反作用力恐會廢了國土法。

上位願景與承擔　支撐機制轉軌

林盛豐

政治與利益牽涉　轉軌把關至要

現行國土計畫尤其四大功能分區部分，屬區域計畫的嚴謹細膩版本。重信兄提及諸多轉軌問題，我並不建議一次將漏洞補完，否則反作用力下恐會廢了國土法，因當中牽涉過多既有利益，原有區域計畫轉軌，有成效之處應延續，應把關處不放棄。從政有年，深知政治風險，今日尚待技術官僚對整個機制運作越趨純熟，營建署已善盡職責，少數人承擔如此大規模計畫，旁人應不可再輕言責難。

「國土計畫策略」定位本明確

十多年前時任政務委員，與當時經建會、各部會、學者專家，一同討論「國土計畫策略」，起步即對國土發展願景做完整盤點，明確定位為追求永續發展的海島臺灣，以永續環境、永續經濟、永續社會為前提，保護水資源、生物多樣性、海洋及海岸濕地、保留自然綠地及土地資源等等，都經反覆討論擬定才產生成果，進而探討國土空間結構，強化認識與保育山脈、發展西部都會區產業軸帶、保育東部及離島地域特色。

各區域發展定位亦明確；以北部為例，計畫中先說明北部區域空間的地理結構，再建構其發展願景，例如以集水區為單元形成生態網絡、強化區域景觀特色、綠色都市發展、強化產業國際競爭力等等，與交通部、水利署、水保局及其他單位皆有完整討論並達成共識。當時行政院所核定的重大交通建設也都在計畫中討論並做通盤規劃，不論是自然保育、人文景觀、行政院或國發會層級重大建設，皆有整體且具邏輯的分析再產出平衡結果，相較之下，前瞻計畫欠缺深思熟慮。

選舉文化不能拖延規劃願景

現代社會中公民團體眾多，廣泛公開討論，將各種意見納入，決策時間是會拖延，但最後達成共識時，社會矛盾就會減少。臺灣的選舉文化造成政治人物都以四年為期提出各式計畫，將會破壞如前瞻這類需要相對理性通盤規劃的大工程，此弊病需再檢討與思量對策。

過去曾調查國土承載力，但只粗略完成北部地區，未來應有更細緻的承載力調查，劃分時才具說服力。

納入公民訴訟條款　全民監督

詹順貴

儘速完成國土承載力調查

國土計畫法中有針對違規使用的「公民訴訟條款」，「公民訴訟」是指公民看到土地違法使用時，即使非土地所有人，其他人也可書面告知主管機關，六十日後若未被依法處理，即可狀告該機關怠於執行職務。舉例來說，發現農地改建違規工廠或蓄意傾倒廢棄物，即可以「公民訴訟」要求地方政府處理。過往李鴻源部長時期，曾調查國土承載力，但只粗略完成北部地區，而未來縣市國土計畫應有更細緻的承載力調查，劃分時才具有說服力。如何避免土地不當使用，法規可減少漏洞，但人心貪婪不歸法律管，得靠全民力量監督。

政策環評僅屬徵詢　民眾共同監督

現今全國國土計畫僅是架構上提綱挈領，真正關鍵在縣市政府的區域計畫，臺中市區域計畫後來又新增三百八十八公頃土地，環保署也做過政策環評，提供開發規劃上建議，公民團體在內政部區委會據理力爭，把曾規劃好的五千多公頃產業用地大幅刪減，另外以大肚山臺地為主的地區，規劃成綠色科技廊道，環保署建議應改為綠色生態廊道，但政策環評僅給予意見徵詢，最終地方政府會參採多少，仍需公民一同監督。

去年底環保署通過離岸風電政策環評，結論是將原本距離白海豚重要棲地五百公尺的緩衝地帶擴大為一公里，且「先遠後近」，優先開發離岸較遠的風場。但當初行政院在離岸風力四年計畫中，曾出現「先近後遠」開發原則出現矛盾。去年五二〇後，院長到立法院施政報告，提到在國土計畫中涉及土地利用的部門計畫都需政策環評，但實際上操作，目前每個目的事業主管機關在擬定涉及土地利用的部門計畫時，很難統整規劃，該如何落實仍有難度。

應念及「無善無惡心之體，有善有惡意之動。」面對大自然的反撲需反思。

面對自然　人不能勝天

賴建信

肩負氣候變遷、人口老化的反思

談「承擔與試煉」，身處行政部門本就該承擔問題，過去參加許多環境影響評估審查，亦歷經許多爭辯協調，沒準備好的情況下抗爭，可能浪費資源或造成衝突。我們的思維在環境變化衝擊及慣習的影響下隨時空變化，猶如王陽明：「無善無惡心之體，有善有惡意之動。」面對自然應有反思。野村總合研究所報告，分析中說到二〇五〇年（我將八十二歲），臺灣人口約等同我大學畢業人口，卻有三分之一是老人，未來設施將老化，可操作人口越來越少。

國土規劃應從願景、空間結構著手，亦需考量社會變遷，過去工程師傾向工具性治理，採科學技術尋求治理解方。最近看「治理理念」關注文化哲學，臺灣是兩難的社會，仰賴颱風卻也懼怕它的威脅，我們的多元文化、多樣性環境，若拘泥治理理念「以人為本」，我認為面對自然，人不一定勝天。

資訊公開與溝通平臺　公私協力首要

推動公私協力之首要步驟需資訊公開、行政透明，未來國土保育區或城鄉發展區，淹水治理規劃都採十年淹水標準，這部分需檢討，政府說錢花在刀口上，應先談減災並降低社會經濟損失，做到「不怕淹水」。四、五十年前蓋的曾文水庫、石門水庫已老化，甚至民國九十五年開始做的易淹水治理計畫第一件工程，至今已十二年，員山子分洪工程也是十多年，這都有設施老化疑慮。

面對不確定性時代，應建立生活哲學，塑造實施國土法的社會氛圍與途徑。氣候變遷不可預期，規劃中的國土空間發展計畫與部門計畫，可能跟不上氣候變遷腳步，水利署推動調適工作，如流域綜合治理計畫以立體防洪概念，以強化都市的防洪韌性，惟為因應氣候變遷導致水旱災情勢加劇、經濟發展用水需求增加、人口結構的改變，爰對於供水、排水、防洪等工作必須有前瞻、加速、整合規劃之思維，以強化國土韌性。

講者簡介

美國加州大學柏克萊分校訪問學者、國立中興大學水土保持學系博士。現任水利署署長，曾任經濟部水利署工程事務組組長、南區水資源局局長、主任祕書、副署長等職。

「對地綠色環境給付」將從二〇一八年至二〇二一年執行四年。縣市國土計畫公告實施後，此計畫將與國土計畫接軌。

清點農地質與量　推短中長程措施

陳吉仲

農地資源保護　盤查吹哨　開放檢舉

農地資源保護與管理策略，有短中長程措施，先進行農地盤查作業並公布盤查結果，再推動對地綠色環境給付計畫、設立農業土地保護基金、修改農業發展條例等等，長期措施則配合國土計畫法，劃設農業發展區。農委會去年起針對平地、山坡地農地，搭配內政部、航照圖等資料，徹底清算違章建築、工廠、非農業使用，這些都可能帶來污染問題，進而影響生產品質。農委會也針對農地生態多樣性進行盤點，使農地具備量與質。將來同步做資訊系統整合，訂定「吹哨者條款」，開放民眾檢舉占用農地違章工廠。

農耕面積小　四分之一公頃即可加蓋農舍

以農地面積來看，我們是全世界價格最高但耕作面積最小的，農牧戶平均每家僅有〇・七二公頃，七十八萬戶農家中，一半以上耕作面積不到〇・四公頃，為農業發展條例中帶來的負面影響，它規定達〇・二五公頃農地可蓋十分之一農舍。全臺法定農業用地，包括平地和山坡地範圍，共有兩百八十七萬公頃，若加上非法定農業用地（河川水利地區農業活動），則有兩百九十萬公頃。

農地總量不足　僅六十七萬公頃

但究竟還有多少農地可從事農業生產，以農糧作物使用類型來說，只有約五十一萬公頃，若加上養殖、資源保育類型，最多僅六十七萬公頃。為了全國永續發展，依照國內人口所需熱量計算，仍需七十四至八十一萬公頃，顯示總量是不夠的。所有平地中，農糧、養殖、畜牧、林業、休閒農業、資源保育等都屬農業合理使用範圍，但農舍、住宅、工廠、土石採取等類型大多是非法使用，最近媒體報導工廠問題，有符合工廠規模的六萬多家，沒符合規模但從事非農業生產家數也有七萬多家，共占用一萬三千公頃農地，加上餐廳、商場、殯葬設施等，則有六萬八千公頃屬於農地上非農業使用。山坡地農舍、住宅、工廠約有一萬多公頃，可能造成水土保持破壞，例如臺中太平都是保安林，卻大面積種植枇杷，缺乏水土保育作用，應解編較合理。

變更繳納補償金　重污染區功能轉換

接著報告違規工廠部分，農委會先針對去年五二〇後農地上新增之違規建物進行拆除，由地方政府依違章建築相關法規處理，未來農業發展地區內之違規使用，依國土計畫法規定，不符合功能分區及其分類之土地使用指導者，即應輔導遷出，或查報拆除，無就地合法之餘地，相信其他工業區仍有空間可容納遷出的業者。雖然研擬讓農地變更為工業地，不過業者必須付出補償費用，費用依地目變更前後地價差、占用時間，還有對生態的影響等原則計算而定，作為保護優良農地之基金，以達農地資源永續經營。

農業試驗所依民國七十八年農田土壤之重金屬含量為基礎評估，比照現今彰化水五金區域內遭外來重金屬污染之情形，其評估結果，水五金範圍內大部分屬重度污染地區，超出監測標準值面積約有兩百一十公頃，將來需花長時間才能使之恢復地力，在國土規劃上得考慮轉為其他用途。

對地綠色給付　「條件式堆疊」獎勵

針對未來農業發展區劃設，推動「對地綠色環境給付計畫」，若農地被劃作農業發展區，應給予補償，明年將啟動條件式堆疊給付及獎勵概念，只要維持農地農用，就給予「對地綠色給付」；種植具外銷潛力及契作進口替代作物，再給予「作物獎勵」；發展有機農業、友善耕作則可領取「友善環境補貼」，政府原有保價收購制度、鼓勵種水稻、休耕政策，未來將把這兩百多億投入農地地力維護獎勵，由民眾選擇要「對地綠色環境給付」或採舊制度。農委會二十年前預算四百億，如今一千兩百億，但農家所得依然維持二、三十萬，希望能將預算實際使用在農民身上，進而提升所得。

講者簡介

現任行政院農業委員會主任委員，美國德州農工大學農業經濟所博士。曾任行政院農業委員會副主任委員、國立中興大學特聘教授、國立中興大學主任祕書、臺灣農村經濟學會理事長。

新政策將影響國土規劃，值得關注：農地違建處理政策、前瞻建設推動和土地徵收制度。

影響國土規劃：違建、前瞻、土地徵收

曾旭正

政府整飭國土的決心與挑戰

自國土法出乎意料快速完成立法以來，內政部營建署推動相關工作，新政府上臺後，新政策將影響國土規劃，值得關注：農地違建處理政策、前瞻建設推動和土地徵收制度。

首先，政府決心處理農地違建，過去雖有計畫但疏於管制，造成農地違建問題日益嚴重，現要拆除搬遷，勢必有反彈與爭議。其次是土地徵收制度改變，由於大埔事件影響，「區段徵收」成炒地皮同義詞，民間甚至有廢除聲音，公共設施如何取得成為行政部門難題。未來對公共設施劃設將因財務考量而趨於保守，若無其他工具產生，全採一般徵收，政府財務將無力負擔，未來將不會有大型建設開發。

解釋前瞻建設構思　著手城鎮建設均衡

前瞻計畫內容大都構想多年，藉這次特別預算加速加大規模執行。前瞻建設與國土規劃有關項目主要是軌道、水環境與城鄉建設。軌道建設影響：臺鐵效能提昇後對東部發展助益；市區鐵路立體化，促進都市縫合後軌道周邊土地使用的改變；中南部都會推動捷運建設也會影響城市發展走向與規模，應在縣市國土計畫中納入考量。水環境部分旨在解決水患、供水用水問題。例如治水增加兩百平方公里不淹水地區，在土地使用上可有新想像。城鄉建設部分，考慮人口分布抉擇，未來應積極投資中型市鎮，提升其環境品質與公共服務機能，使成為生活圈中心。前瞻計畫打算以「城鎮之心建設計畫」為核心，串聯多項計畫加強核心市鎮建設，譬如文藝展演、體育休閒、社福設施，再加上發展在地型產業園區增加就業機會，有助留住人口和吸引回流。

國發會於國土計畫中的角色

此波國土規劃主要作用在於將都市計畫之外的土地納入規劃。雖然藍圖式剛性計畫性質不變，但藉此機會全面檢視土地現況，進而配合部門需求加以規劃。行政院設置最高層級國土計畫審議會，院長裁決由國發會擔任幕僚，將盡速成立，期待與內政部分工，院級審議會不只是審計畫，對於國土規劃面臨的問題，可在此審議會作原則性討論，提供內政部與各縣市擬定計畫時參考，以及思考「空間發展構想」的機會。

公民團體建議

林嘉男（地球公民基金會、臺灣大學地理環境資源研究所博士生）

國土計畫為一結合大中小不同尺度之整體計畫，上位計畫訂定國家如何發展、在空間上如何布局，中層應實踐土地使用、分區或管制，更細微的可能會變成子計畫或細項執行計畫，現有國土規畫缺少層次，我認為應叫作國土管制法，因為沒有真正的目標或是執行方式，整合及彙整能力也有待加強。我國政府體制對於不同專業面相是以各單位進行分工，彙整是部會運作最大考驗。

各部門計畫或國土計畫的修正需要被討論，農地污染問題若現階段體制不改，國土復育基金能否針對農地污染地區進行復育，這是既有工具但沒納入考量，對工具不理解，各自規劃管制造成紛亂，即便國土法已公告實施，但多頭紛亂無法彙整，甚至相互衝突抵消，與國土法頒布前其實沒差別。

未來縣市國土計畫在不知如何執行下，硬是結案送計畫書，才更是災難開始。國土計畫法談的是整體計畫，應考慮環境變遷、人口移動、城鄉分配、資源匱竭與糧食生產問題，也要思考文化敏感度，建議若要解決各部會分歧，應有通盤上位計畫、中層分區管制利用計畫，以及下層執行計畫，且真正落實到各主管機關。

潘正正（地球公民基金會）

民眾對土地利用行為與產業活動盤根錯節，但長久以來未見建立跨政府組織平臺，這是民間團體對內政部國土計畫，或是內政部、行政院層級審議會議題出現後，為積極解決問題，參與建立合作平臺機制的最深期待。

第二步　擁抱家園——韌性城市與高齡社會

篇五、高雄氣爆餘生　重建韌性城市

各種災害分到不同部會處理，但部會不是防災專業單位，防災專業與主管專業完全不同，就會出問題。

FEMA案例與防災整合體制 李鴻源

從過去災害經驗發現，極端氣候已是常態，過去的思維已無法處理現在的問題，事實證明，只要住在不安全的地方或是工程設施在不安全的地方，再多的工程手段都無法解決。如何明智的使用這塊土地、北中南東各適合住多少人、精緻農業區、工業區在哪？最近熱門的石化園區要在哪，科學依據在哪裡？

不瞭解土地使用標的與極限相衝突，再多的人為手段，也無法避災，這就是土地容受力。營建署已將北部容受力計算，國土計畫法應根據災害潛勢圖的精神訂定，若不正視這個問題，把位於不安全地方的人或設施慢慢汰換出來，再多經費和工程都無法解決。營建署已在討論，根據不同災害等級檢討都市計劃及區域計畫，需要長時間方能做到。

國土計畫法應根據災害潛勢圖、土地容受力來訂定

這次高雄氣爆後是重建復原就好？還是趁這個機會給高雄和石化專區一個新的面貌，必須討論防災型都市更新。事實上臺灣很多都會區的老舊建築存在幾十萬戶，我們如何面對？災害是一個非常嚴謹的機制，以防颱為例，過去內政部花了三年的時間，建立中央到地方的指揮系統和窗口，讓該有的資源從中央一路下放到社區，所以在防颱方面，已經做到不管發生任何事情、在多遙遠的地方，地方都有能力自救七天。這套系統歷時三年之所以能做到，是因為內政部是防颱的全國總指揮，當然需要很多部會的協助，我們做了七千八百三十五份社區防災地圖，每個村子都有屬於自己的防災地圖，更重要的是要讓村民和村長瞭解這張地圖，平常能夠演練。過去莫拉克一場颱風人命損失七百多人，這幾年已經降到個位數。防颱下了三年苦功，由二個國家研究所

支撐、所有部會一起努力，我現在可以很有保握的說臺灣發生任何一場颱風，災害都能在控制的範圍。但如果不是颱風，如這次氣爆，就會有很多 surprise。我以美國、日本的例子來分享，為什麼會變成這樣。

美國聯邦緊急事務管理總署（FEMA）組織與任務現況

美國的FEMA有一萬多人，成立於一九七九年，組織特性是全災害管理、災害共通應變架構（all-hazard），是一個準部級的單位，分工非常細，編制為國家整備、災害應變與復原、國家災害保險與減災、應變任務支援、消防署、十個地區分署，從中央、各分署和各州政府一條鞭管理。

組織設計包括：國家事故管理系統（災害管理系統的標準化規範）、國家應變架構（全國統一因應各種緊急事件提供政策架構、作業協調及標準化規範）、國家應變中心（遇緊急事件時，可透過機制積極協調，整合聯邦、地方、州和NGO）和聯合現場辦公室（現場負責聯邦資源進退場、管理協調和地方與民間支援整合，亦如臺灣為前進指揮所），是綿密的系統，與地方政府之間的關係定義清楚。也有災害管理學

美國聯邦緊急事務管理統一指揮鏈架構

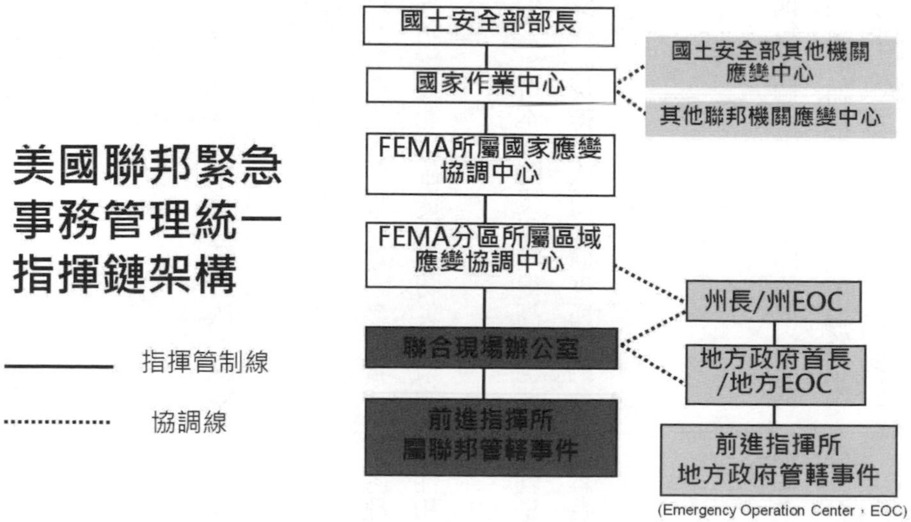

(Emergency Operation Center，EOC)

院支持、有各式各樣的訓練基地，非常重要的是防災自主學習教育，對一般民眾也設計自主學習課程，和民眾的自主訓練計畫。

日本的災害防救法律體系

日本防災使用「災害對策基本法」，配合特定的目的與特定的災害，包含對災害的預防法、應變法，構成綿密的法律系統，復原重建的法律也都定義清楚。

二〇〇一年起日本政府進行組織再造，將原本一府二十二省廳重整為一府十二省廳；將原本於國土廳下之「防災局」提昇至內閣府，由特任防災專責之防災擔當大臣為首，以及各項災害類別專責之參事官，統整處理各省廳防災工作，以解決防災行政層級多頭馬車的問題，並強化提昇防災效能以確保所有防災對策的總體性和統一性。

所有災害對策日本使用同樣的標準和作業方式處理，我們較易學習。日本的防災層級很高，總理之下就是防災擔當大臣，相當於我們的行政院祕書長，日本有一七〇個幕僚支援防災擔當大臣，處理所有的政策、經費預算和訓練計畫。

防救災體系　不能學美日一半

臺灣的問題在於只和別人學一半，甚至一半都沒有學到，我們把每一個災害分到不同的部會處理，例如內政部管風災、震災、火災、爆炸災害；經濟部管理水災、旱災、公共氣體與油料管線、輸電線路災害；農委會管理寒害、土石流災害、森林火災；交通部管理空難、海難、陸上交通事故。但部會是專業的主管機關，卻不是防災的專業單位，防災專業與主管專業完全不同，碰到不同災害時，就會出現問題。我們採取特定災害管理方式（single-hazard approach），而非如美國共通管理架構方式（all-hazard approach）立法，不同災害類別，分別指定中央層級之災害業務主管機關，導致無法整合各種災害之整備與應變機制。

且現在碰到的都是複合式災害，部分災害類型權責歸屬複雜，如化學災害、工業災害、營建工程災害、坡地災害等，牽涉到國營事業單位管理、工業安全與職業災害、環境保護、交通運輸、消防安檢、山坡地與建築管理等多重業務，目前無法依據災害防救法訂定業務計畫。這套法律把東西一分出去，讓很多災害找不到負責單位，更不用說訂定因應計畫。現在的系統欠缺全國性的災後持續運作計畫和風險評估與減災方案，一旦發生都會區災害，以高雄這次為例，如何動員、調度、復原，涵蓋各種公私企業的服務資源，造成中央與地方各種難以協調的狀況。

防災的重大的問題是缺乏全國性、地區性的防災戰略計畫，也缺乏區域性的防災整合對策、政府與重要企業的持續運作計畫、全國性一致的應變指揮架構，和國際合作計畫與協同演習機會。不是部會做得不好，而是現在的組織、制度或法令就會造成這樣的結果。

現行政院災害防救辦公室人員不多，責任與權力卻不對等，設計的層級也不對，應指定一個政務委員擔任類似防災擔當大臣的位子，至少需要一百多人支持，才有可能發揮。最重要的是災害防救法需要適當的修正。我建議：1.應迅速建立權責相符的防救災機構及修訂相關防救災法令；2.落實國土規劃，災害潛勢圖已完成、土地容受力也在計算，應利用這些資訊檢討土地使用標的，且明智的利用這塊土地；3.提升現有都市之耐災能力，趁著這次氣爆機會，檢討石化和工業專區，並非立即做到，而是十年、二十年，一步一步往前，提升現有都市的耐災能力，給都市一個體檢；4.最後必須加強民眾的防災自主訓練，災害一旦發生，我們已做好萬全準備。總言之，應從防救災的法令制度、到廣義的國土規劃來檢討和落實，不要忌諱我們有問題，而要訂出短中期目標，很專業且有計畫地解決問題。

工安檢測不知地下有什麼管線和氣體，是長久的輕忽與失能，氣體洩漏檢查是地方政府執行管理的職責。

檢視氣爆與石化工安　沈世宏

工安、勞安與環安

石化不僅工安，還包括勞安和環安，勞安是勞工保護、環安是民眾的保護，工安損失最大的是事業體，如果這個損失能避免，那勞安與環安都能得到保護。業者如果有成本效益的意識，應會認真做好工安。勞安則是業者知道但不做，大至長期的健康危害小至受傷事件，因此公權力必須介入，也就是勞動檢查。工業的自主防災叫工安，環安由誰介入？現在除環保單位外，最重要的是消防指揮官、地方首長或第一現場抵達者，才能保障民眾安全。

一連串的工安事件，真正的意義應回到現場，決定何時疏散民眾。六輕工安事件中沒有民眾死亡，高雄氣爆卻死了很多人。勞工的死傷有勞委會負責，工廠的工安事件是業者自己損失，但若影響民眾安全，現場必須負責、決策疏散。

現場評估最重要　應訓練第一線消防人員監測、判斷能力

這次氣爆事件，事後應檢討處理方式，管制進出、時段、範圍，有沒有從傷痛經驗中學到教訓。例如六輕曾做真實模擬，哪個地點發生什麼最嚴重狀況、爆炸後什麼樣的風向、需要疏散哪些人？同樣地回到都市聯合管線，現場指揮官最重要，必須評估、執行現場的管制與疏散。

處理類似這次氣爆事件可分二種情況，一是發生火災且明顯所見，另一是發生洩漏，洩漏又分為三種，一是窒息性，二是爆炸性，三是劇毒性。這三種情況應由第一線的消防人員到現場時做判斷。我擔任環保署長時，消防署長希望環保署毒災應變隊，能把一小時抵達現場的時間縮短為半小時，我說不可能，除非人力多到

和消防隊一樣。這樣的專業和人力應該建立在消防隊，因為消防弟兄第一時間到現場就要做判斷，就需要知道這些洩漏是爆炸性、窒息性或劇毒性的，立刻推斷最好與最壞的情況，消防人員在現場也不知道自己吸了什麼氣體，應該自己監測。日本消防編組有這樣的監測單位，並有監測檢驗設備，這也是對消防人員生命的保障。回應消防署代表，依照SOP做不一定對，救火也會考慮水或油性和非油性方式的滅火，化災灑水必須檢討。

石化災害是一連串的因果——意外發生、設計時就知道

石化業的災害，是一連串的因果、是因循苟且或輕忽失能的小過失、累積到一個臨界點時才會發生。管線的腐蝕沒有檢查，洩漏後因人員訓練不足，沒有進一步判斷而繼續送料。管線也包括施工、設計和檢查的問題，所有管線的法規有沒有要求？意外是否會發生，設計時就已知道。地方政府在核准開挖馬路時，是否要求這些設計與標準？完工檢查是否確實？這些可能的疏失，都必須在這次經驗中學到教訓。

石化業管線多，這次問題在長距離輸送，離島建設應可通盤、整體考量，是跨部會的智慧，需要具體規劃。氣體洩漏從設計、維護、人員訓練到督導體系的要求，都必須深切檢討。

工安檢測說不知道地下有什麼管線和氣體，這是長久的輕忽與失能，氣體洩漏檢查是地方政府必須執行和管理的職責，核准後消防及相關單位的整合必須檢討。不要石化工業講起來容易，任何東西都有風險，如何將風險降到最低，這才是管理者最高明的地方。成本效益下業者自主管理是有用的，但若業者逃避、追求利潤，就不能讓他們自主管理。

最後，那麼大一個災難，若觀念細節不改、SOP不調整，下次也無法因應；人為疏失當應當究責。

講者簡介

國立臺灣大學化學工程博士，專長為化學工程學、環境工程學。曾任臺北市環保局長、景文技術學院總務長、臺北市永續發展委員會副執行長，擔任環保署署長達六年，為迄今在任最久的署長。

能源局說業主自主管理，這是個笑話！要一些常常犯規的人管好自己卻不處罰，並不恰當。

石化產業與高雄願景 沈建全

高雄地區有高雄煉油總廠、橋頭油庫、大社石化工業區、仁武石化工業區、大發和大寮石化工業區、林園、大林埔煉油廠、以及這次氣爆的前進指揮所附近華運倉儲。四十幾年前，不良的都市計畫，工業區把高雄市團團包圍起來，演變成今天的情形，加上石化業者的不良心態，節省成本，把污染放到社會和環境中，結果就造成這次的氣爆事件，在此我要為榮化說句話，我在大社成立巡守隊，巡來巡去，榮化都是那區的模範生，卻也發生這種事。

無公權力管控　妄談自主管理

能源局說業主自主管理，這是個笑話，以我研究的結果，石化業者是利潤中心制，若自主管理有效的話，臺塑為何一直爆、高雄煉油總廠的工安事故，二十二年中發生了二十九件，譬如說下油雨、爆炸等，高雄人是這樣活過來的。自主管理需有罰則配套，要一些常常犯規的人管好自己卻不處罰，並不恰當。除都市計畫的責任外，我認為環保單位難辭其咎，還有經濟部工業局只負責蓋工廠和工業區，卻沒有好好監督這些工廠和產業。

高雄需要願景，應有上位計畫、中位計畫和落實計畫：

1. 上位計畫規劃產業轉型、都市計畫：將受污染土地（例如中油高雄廠遷廠後的土地）以生態復育為理念轉型成為「生態公園」，使其由過去污染製造者變成未來清新空氣與水之提供者。目前污染嚴重之大社石化工業區降編為乙種工業區，引入輕工業，配合臺灣設計之優勢，解決污染，同時創造大量就業機會。

2. 中位計畫進行勞動安檢，並下放地方政府，落實環保稽查，加嚴標準並提高罰則：高雄市中心的管線很多，應定期清查高雄市區內各石化管線，檢查其安全性，並依都市計畫法，將該等管線逐步遷出，以維民眾公共安全。

3.落實計畫應將退役石化工業區轉型，地方政府成立複合型防災機制，添購行動監測車並定期演練：因應國際頁岩氣產量大增，價格便宜，國內應逐步淘汰高耗能、高污染，無競爭力，有害居民健康之石化業，轉而進口由便宜頁岩氣所產製之塑膠粒料，以高附加價值、高單價、低污染方式生產塑膠製品。這次氣爆事件因沒有把儀器放在行動監測車上，採樣後再拿去研究室化驗，延誤時間與判斷。應將操作人員和儀器都配置在車上，立即做分析，知道是危險且會爆炸的氣體，就儘速關掉管線、讓人民疏散。

講者簡介

國立高雄海洋科技大學海洋環境工程系教授兼系主任，研究專長有人工魚礁設計、調查、現場波浪、潮汐、海流調查、水工模型試驗、海洋工程等。

韌性要能因應未來不確定性和可能發生的狀況，在災前就必須建構。

韌性都市概念與落實

陳亮全

什麼是（耐）韌性（resilience）

韌性的觀念始於一九七〇年用於材料科學，一九八〇年起逐漸用在災害管理，災害防救研究者開始探討造成災害的原因，也翻譯為「脆弱度」或「致災性」（vulnerability）。一九九〇至二〇〇〇年，僅談脆弱度不夠，開始談到（耐）韌性，面對災害時能否因應、發生災害後的衝擊能否迅速恢復？從脆弱度到韌性的探討是最近的趨勢，當災害愈來愈多，韌性城市和國土的建構就愈重要。

受到災害衝擊的社區或社會要能恢復，很多條件在災前就必須建構。例如社會面的韌性，地區受到衝擊後能很快恢復是因為平時已建構很好的社會資源（social capital）。所以不僅災後，必須慢慢從災中、災前、和未來去建立韌性。

各類型災害、不同層級空間、族群、不同時間階段（如減災、應變、復原重建，或災前、災時、災後）等存在各自的耐韌性。水災和地震的韌性不同，社會與族群的特性與文化也不同。耐韌性具不同面向，包括實質（硬體，如都市空間、設施…）與非實質（軟體，如社會面的社會資本、經濟面的可運用資源，以及制度面的防救災體制等）。非實質面的韌性更為重要，社會中的資源不僅政府，民間力量如何更具體、社會資本如何互相活用？資源、經濟能力和體制如何配合？可以接受未來性、複合性災害衝擊的體系是什麼？從國家層次談的韌性（大尺度的政策）、一直到小尺度第一線的防救災工作，韌性的要求都不同。

還有對於未來的不確定性、環境變動（環境動態、非平衡）的耐韌性。剛談的規劃是設定某種條件所設計，例如防洪工程依照估計每日降雨量來設計，但現在環境變化很大。以此次廣島爆雨來說，廣島地區從未下過這麼大雨，而日本是號稱防救災的先進國家，還是造成八十多人死亡或失蹤。

因此永續或氣候變遷的韌性就更加重要，其所談的韌性不只既有經驗下的韌性，而是要能因應未來不確定性和各種可能的狀況，在談永續都市時必須把韌性當成很重要的因素。

總之，韌性是在環境變動，或外力的干擾、擾動下，尚能維持運作，確保環境中的每一個人、生命財產，以及都市機能等都能因應、安然無恙；或當都市遭受災害衝擊時，可以盡快回復或具備重組能量、恢復其都市生活的秩序、機能。不僅是維持或恢復舊有都市的系統機能，而且要能夠在未來的環境變動中能夠存續、再生，以因應新的趨勢，是最重要的課題。

提升、建構韌性都市

要提升都市的耐韌性，形成韌性都市，最重要的就是要如何「降低、減少高災害風險、潛勢地區的脆弱度、建構與因應各類型災害的能力。」也就是要規劃、構築能夠適應災害、與災害共存（生）的都市，而不是要營造一個完全沒有災害的都市。其具體的作法可以考慮如：

1. 強化或調整影響都市安全的土地利用（如工業用途）、發展模式：

以高雄氣爆而言，都市計畫、土地使用是很重要的課題。隨著都市發展和擴張，現在這些都市計劃（體質）若沒有健全，則很難談韌性。這樣的土地利用（例如石化區）到底要不要？甚至整個高雄發展的模式和方向都必須檢討。韌性不僅談救災層次，而是因應變動條件的本質是什麼？

2. 進行地下空間利用的規劃、管制與營運：

除了管線，都市中有很多地下室、地下鐵、地下街等，所以都市規劃不僅談地上，更重要的是地下空間如何使用。營建署應該好好地檢討地下的都市計畫，國外不僅已建置資料，甚至劃分規劃不同層次做不同空間使用。整體地上、地下空間的規劃、法規管理，都應好好討論，都市韌性才有辦法調整。

3.強化對緊急應變（尤其複合型災害）實作的技術、人力等總體能量，尤其是地方政府（縣市）在此方面的能量：

這部分較為緊急，應變單位的能力真的要提升。消防人員受的訓練是消防，因應化學災害時該怎麼辦？雖然有專業的環保人員，但第一線到現場的人員應該具備哪些能力、需要什麼設備？必須強化地方層級的防災能量，災害發生第一線考驗的就是地方的能力。災防工作應該由地方要先扛起來，美國雖然有FEMA，但災防應變也是從 town、county、state 最後才到FEMA。

4.強化因應未來複合型災害、氣候變遷（如都市水災）之統籌、參謀單位（平臺）↓中央與地方的災害防救辦公室：

除了第一線的同仁，統籌協調單位也相當重要。美國FEMA和日本的災害防救大臣就是這樣的平臺。地方的統籌單位也很重要，依國內目前體制，地方政府也有災防辦公室，若地方首長重視，會特別指定一個人專門負責防災工作，但多數則交給消防單位去做，事實上災害防救業務不僅是消防更包含統籌很多事情，因此這樣的平臺或統籌單位非加強不可，不能只做半套。

中央的災防辦公室僅一些同仁和一位代理主任負責，我認為至少需要有一個全職、全責的政務委員來擔任。日本的防救災大臣就是專管防救災事務而不是兼辦。過去一直把災防辦當作行政院的幕僚單位並不妥當，災防辦應屬於參謀單位，要真正能做事情，必須給足人力、專業和預算。

5.研製與公開高災害潛勢、高風險地區的相關圖資，提升全民對於風險的感知：

韌性是要讓高風險的脆弱度減少，但哪些地方是高風險、高潛勢的地區，若不公布大家都不知道，不瞭解就容易錯誤開發。這些資訊公開雖有很多人會反對，但這是走向韌性的必經之路。

6. 建立全民（中央、地方、民眾、民間組織、企業等）因應災害的體系：

防災不只靠政府或專家，必須全民動員，包括民間組織、企業等，要做很多基礎防災認知、教育、價值觀等改變。

講者簡介

日本早稻田大學建設工學部博士，銘傳大學都市規劃與防災學系專任客座教授，前國家災害防救科技中心主任，長年致力於防災科技之整合與法規落實，在推動災害防救觀念與國際交流方面不遺餘力。

長期以來都市計畫有談基礎設施
和管線，但管線不會移動，在地
下默默承受，我們就以為沒有任
何問題。

永續都市盤整規劃案例

陸曉筠

都市為一活的有機體，各個環節互相關聯，也相互影響，一個永續發展的都市需同時為高涵容城市、優良治理城市、智慧城市、生產力城市、韌性城市及綠色城市之綜合體，不同地方和文化下有不同的實踐計畫、不同設計的手法，以讓城市能不斷地發展。過去談都市規劃一直沒有看到地下的問題。維繫一個都市成長時「基礎設施」非常重要，近日的氣爆事件損害的是一個城市賴以維生的基礎設施（infrastructure）出了問題，基礎設施是建構城市的基盤，但老舊或管理不當的基礎建設反形成都市最危險的網絡系統。

基礎設施有二個狀況，一是像石化這樣大家不喜歡的產業，所以開始時都放在重要人居周邊，但經過都市擴張後，都市邊緣變成市中心，因此產生問題；另一個則是大家都要用的管線，例如天然氣，這類管線錯綜複雜，大部分就落在人口密集區

塊，但長期以來都市計畫都知道要談基礎設施和管線，但管線不會移動、在地下默默承受，我們就以為沒有任何狀況。

經過挫敗、災變的城市案例

紐約——二〇三〇年的城市願景

美國紐約在二〇〇七年頒布的「二〇三〇年綠色城市願景規劃」中，即提出紐約面臨基礎設施已百年之危機，因此以維繫紐約、綠色紐約、開放紐約為三大主軸，發展土地、水、能源、交通、空氣品質及因應氣候變遷六個層面之策略，其中強調「全面性修檢」紐約市的道路、地鐵鐵路及基礎設施系統，可見這個北美第一大城已經開始浮現對老舊基礎設施之隱憂。但二〇一二年颶風桑迪重創紐約的基礎設施系統，受影響居民超過二百萬人，紐約於二〇一三年進一步提出韌性城市之規劃，以長遠風險災害為前提，利用土地使用規劃工具減輕災害風險，建立更有韌性、更能因應災害之大都會。計畫中極少口號型宣傳、非常多落實在策略或空間的行動，說明各面向在二〇三〇年各種不確定狀況下可能有哪些風險，各單位將如何因應。

紐約也在市長辦公室下成立「長期規劃及永續辦公室」，類似我們各縣市的永續會，但這個組織有強大執行力和控管能力，可同時指揮跨部門橫向議題及各部門之專責事務。

除紐約外，北美數大城市接連面臨基礎設施氣爆之危機，接連氣爆加速美國於二〇一二年由總統奧巴馬簽署了「管線安全、確實控管及提供就業法」，正視美國境內管線安全及相關議題。

加拿大——從重工業到綠色移居城市的轉變

此次事件同時點出石化重工業與永續城市發展之衝突，加拿大阿爾伯塔省為人口第四大的省份，也是國內最大生產傳統原油、合成原油、天然氣和天然氣產品的地區，早期為經濟發展而犧牲環境的價值，管道皆為一九五〇至一九六〇年所興建，隨著都市擴張和人口成長，舊管線已威脅到當地居民安全，二〇一四至二〇一九年阿爾伯塔省開始進行管道替換計畫，用其他替代的方式繞過城市，同時檢視能源政策，近幾年陸續獲選為綠色城市及宜居城市。

基督城——大災變後先 Look Around

韌性與永續城市規劃為因應災變對都市的衝擊，其中最大衝擊是在地與周邊之住民，紐西蘭基督城在二〇一一年二月大地震後，面臨極大之衝擊與考驗，為有效重建都市，當地政府進行很多重建計畫，我要強調最前的二個步驟，第一是「Look around」，首先思考基督城之歷史災情事件、周邊環境與地理條件，災變發生時常急著做事，但卻沒發現都市和其他地方有關連，很多狀況應被仔細檢視；第二是傾聽市民聲音，以階段性之方式規劃未來都市藍圖，社區居民參與災後重建是回復過程中極重要之關鍵，透過居民共同參與重建過程時，居民可以瞭解「這個城市需要什麼」而共同努力建立更不一樣的城市。

永續都市之實踐在不同地區、不同文化下的方式不一，高雄此次事件的重工業管線原在城市的邊緣，當都市擴張後，邊緣成為人口密集的中心，加上各式維繫都市發展的管線密布，引發各大城市居民內心的恐懼，因此我的建議是：

1. 短期內應盤點並確實瞭解狀況，包括(1)全面性檢視都市基礎設施系統及地下相關管線，包含管線位置及狀況；⑵檢視基礎設施及現有管線周邊之土地使用；⑶建立透明公開之圖資系統；⑷設立具實質執行力之跨部門單位。

2.中期應將韌性及永續城市之規劃納入規範，包括：⑴將基礎設施及管線系統納入直轄市、縣（市）區域計畫，不僅基礎設施之量、應包含區位、公共安全等因應計畫；⑵將地下之基礎設施納入鄰避設施（Not in My Back Yard）之考量；⑶納入市民參與之規劃藍圖。

3.長期發展應建立以風險為前提之長期（三十、五十年）永續計畫，紐約建立二〇三〇年之永續發展計畫，布里斯本在水患後建立二〇三一之永續發展，臺灣應藉此事件，正視風險之不確定性，利用土地使用規劃工具減輕災害風險，建立臺灣都市之永續發展願景。

講者簡介

美國哈佛大學景觀設計博士，專長為空間規劃、環境規劃、海洋與海岸管理、GIS。現為國立中山大學教務處副教務長、海洋環境及工程學系副教授，曾任高雄市政府環境教育委員、高雄市政府土壤及地下水污染場址改善推動小組委員、高雄市政府都市計畫委員、行政院國家永續發展委員會委員等。

篇六、地震頻傳　都更防災演義

〇二〇六震災後各方關切土壤液
化及斷層問題，對於都更制度期
盼有更進一步的催生強化。

地震帶上思索韌性應變

邱文彥

環太平洋地震帶頻頻發生強烈地震，除了〇二〇六美濃地震造成臺南地區重大傷亡外，日本最近發生熊本地震，東加王國和厄瓜多也接連地牛翻身，尤其近日臺灣地區不時發生有感地震，令國人憂慮。在另一方面，土壤液化、斷層和其他地質災害等形成國土發展重大威脅，也引起國人高度關注；而《都市更新條例》之修正，在立法院協商年餘仍遭阻滯，「公辦都更」又有頗多質疑。

修正都更條例不易，我曾協商年餘，剩下四至六條還是沒通過。對高風險潛勢地區進行大規模都更，不代表往後都更都是大規模，應是兼容並蓄，自辦、公辦、大規模、小規模的都可以。

今天特邀各方代表參加座談，有見新北市於五月六日進行防災演練，於加州地震研討會同時間舉辦，可見太平洋國家對於地震問題同感身受。今天的會議希望能就國土安全、災防準備及應變檢視，期望透過資訊公開，檢視臺灣對於地震防救災的準備情形，了解從中央到地方，從社區到個人，甚至過去長期倡議的「韌性都市」，都應重新思考、審慎深入討論。

「災防告警細胞廣播訊息系統」可快速的把地震、颱風、土石流等資訊利用4G手機提供給國人。

即時地震預警上線

蕭乃祺（交通部氣象局）

氣象局在防災部分，負責最上游資訊端的提供，也就是地震發生後，包含震源、震央以及各地震度的訊息提供給全國民眾和防救災單位。「地震早期預警系統」與「行政區地震速報系統」是目前氣象局在地震防災業務面上最有關係的兩個系統。「地震早期預警系統」就是強震即時警報系統，指的是在地震發生以後，在比較強烈的地震波尚未到達地方前，提供相關資訊以進行預警，目前整個系統針對臺灣島內的地震是十五秒（約震央五十公里以外），島外二十五秒。

以〇二〇六地震為例，約在十三秒之後提供地震資訊，臺南市則是因為預警盲區無法提供預警，這部份則是用現地的預警機制補強。整個預警服務部分，全國約三百五十所的中小學也可以很快速知道地震資訊，若結合學校的廣播系統，可以達到即時預警效果。

國家傳播通訊委員會（NCC），今年也推動「災防告警細胞廣播訊息系統」，透過系統可以快速的把地震、颱風、土石流等資訊利用4G手機提供給國人，此系統預計七月上線，五月開始進行地震資訊測試。

觀測應與防災演練結合

行政區的即時震度展示系統部分，在地震後可以得到實際觀測的各地震度資訊。目前在全臺灣布置的一百多個即時觀測站，以密度而言是夠高，但我們希望與防災做連結，提供更細緻的服務。所以從去年開始，與各縣市政府合作，地方政府負責提供傳遞線路，地震發生後，各鄉鎮都可以有即時觀測的數據，並傳回氣象局，除了增加地震資訊的準確度外，時效性也有所提升，未來在災損評估上也可以提供重要依據。

提升既有建築物的耐震度，在建築群找出高危險性、耐震度有疑慮的地區優先補強。

減災需都更及複合對應

鍾立來（國家地震工程研究中心）

降低地震災害不能使用單一方法，而是複合方法，都更即是一種。根據巨災型災害統計，我們約十五至二十年會有一次大規模地震災害，應做足準備。地震之前，應提升既有的建築物的耐震程度，包含既有建築物的評估、補強。臺灣既有建物數量太多，十五年內可能做不到，所以應先在建築群裡面找出有高危險性、耐震度有疑慮的地區。

高震損、高危險優先處理

部分補強過後的區公所，效果不錯，但尚未補強的部分，其結構無法成為災害應變中心。校舍也應列為優先處理建物，至少高震損的建物要先處理好，排序非常重要，如何有效排序？應針對十五年內可處理好的高震損建物先著手。目前住商混合大樓中，低樓層是有商業與經濟價值的，但都不屬於社會弱勢，有一定能力、財力進行耐震度的提升。若第一樓層先處理好，不至於發生像維冠大樓整棟崩塌的情況，優先順序訂出來後，十五年內能處理的先起步，即能降低災害。

防災不能沒有目標，投資防災能
回收多少效益，應使民眾了解，
因此要做情景模擬。

「情境導向」防災早該啟動　陳亮全

地震累積的經驗缺少具體方式，應執行以「情境為導向」的防災。迷思與盲點在於：（一）預測、模擬準不準，使我們有更大方向和空間去防治。（二）臺灣公部門和私部門不喜歡公布模擬結果，怕影響不動產。防災不能沒有目標，我們為了防災而投資，能回收多少效益，應該要使民眾了解，因此要做情景模擬。

中央地方要接軌　精細評估、模擬計劃

災損評估要有更精細的模擬準確度。一個五、六級的地震，若倒塌了五百棟甚至五千棟建物，會手忙腳亂，須有危機意識，情境導向的救災應該先釐清。此觀念也在新北市的專諮會提出，臺灣技術是可行的，端看是否有足夠資訊進行評估。目前中央有地震災害防救業務計畫，雙北有自己的地區（鄉鎮）防救計畫，兩方缺少連結。以日本高知縣為例，鄉鎮計畫要在全盤計畫裡互相接軌，包含業務和預算。一年多前曾拜訪高知縣是地震時，海嘯侵襲的主要威脅區。高知縣在模擬和政策規劃中，市鄉鎮都是串連在一起的。儘管現在沒有立即危險，該縣仍建造一個避難海嘯塔，相關計劃擬訂後不到一年時間，其他縣市也建造完畢。

以區域為導向　整建、維護優於重建

從都計法看，重點不是重建，而是整建、維護、修護，因此要放大範圍。臺灣有南北差異問題，推動上如何補強，用的方式要有彈性，也需注意手法和工具的差異。都更本來就具備防災功能，不僅是單一區塊，而是以區域為導向，如此一來，公權的介入會更有正當性與公益性。

有關安家固園專案，學校目前有八成已進行補強，現在應提升都市防災力。建議找出需要都更的都市，目前資料不是很具體，但仍可排定需要優先推動的地區，把漸層環境圖資套上，例如老建築密集度。如果一個城市進行這種調查，找出優先地區推動，接下來就可以進行地區環境改善計畫，包含土地調整和道路，做完後逐步針對有問題之處進行重建，有些則做補強，才能提升效率與效度。

民間投入除了容積獎勵，可否有稅制減免，這是跨部門整治議題，不要只靠容積獎勵，可以做類似免稅計畫。未來少子化，可否進行學校和社區調整，在學校進行老人照顧，造就宜居和韌性城市。

五點建議打造災防韌性城市

最後建議：（一）加強強震即時警報系統，通過4G廣播。區域型從測站收集，較準確，但是速度比較慢，接近震央會有盲區。現地型則是單點，準確度稍差，但是速度快，這兩個系統應該要結合。雖然依照日本結合兩系統後發現可能有結合的誤報，還是應先做了再繼續磨合。（二）找出最佳資訊傳遞方式。例如電梯收到訊號可否在最近的樓層停下，這會比人的反應要快許多，其他包含保全系統以及高科技產業應用，是整個國家應該規劃的。法令面也非常重要，氣象不能亂發警報，法令要怎麼修？這些界面都有了，缺少整合單位。（三）情境模擬系統非常重要，應被認知為可進行的方式（四）防災資訊系統整合與推動（五）地震防災的各個手段應整合，包括耐震補強和軟體系統，整合成防災對策，過去縣市很積極在做，應與中央接軌整合。

政府應先做補強，讓個別建物暫
時安全，整體地區更新則需協調
整合，挑出風險高的優先著手。

行政程序和居住正義 端視整合意願

陳伸賢

情境不只影響軟體準備，也影響後續資源分配。地震是不可預測的，但能長期計算週期。透過統計分析，地點、強度、現地斷層、土壤液化檢視後，必定可挑出高危險區域，加強軟硬體設施，其他一般共同性的原則，則建立SOP讓民眾知道。例如美國加州經過週期預測分析，可知大地震即將來臨，隨即進行水費調漲與管線維修換新。又例如阪神大地震，死亡人數五千餘人，造成災害的主因不是房屋倒塌而是火災，地震頻繁地區的防火器材、維修管線與防災社區選點，須特別注意。

土讓液化示範區 與一般防災都更落差大

內政部的「安家固園專案」包含補強、土讓液化潛勢改善示範區等，總經費六年五〇八億，與一般防災型都更的資源投入有很大落差，但與一般都更發生的問題相同：整合意願、行政程序和居住正義。此次專案以房屋整修補強為主，但能做的只有增加誘因。政府應先做補強，讓個別建物暫時安全，整體地區更新則需溝通協調、整合，挑出最困擾、風險最高的優先著手，讓資源集中，找幾個示範區進行防災型都更，如此搭配都更會更順利。未來法治面向和預算較完整時，可再進一步擴大。

面對居住正義、環境景觀，居住安全更是不可偏廢的。

都更方向策略　安全不可偏廢

張溫德（新北市政府城鄉局）

新北市都市更新推動工作，分為「民辦都更」、「公辦都更」、「社區輔導」以及「教育推廣」。就具體工作來說，「民辦都更」包含容積獎勵、陽光法案、簡易都更程序、經費補助籌資協助等。「公辦都更」包含永和大陳義胞社區、新店行政生活園區、新莊文德段、板橋民權段、土城運校段。「社區輔導」包含自力更新輔導、海砂屋輔導、整建維護輔導、培訓都更家教、電梯產業團隊。「推廣教育」部分則包含都更法令實務工作坊（白天），法令宣導說明會（晚上），十五人聯署社區法令的說明，以及都更小百科的推廣。

簡易都更精神是希望為老屋找更新的路，有都市更新的意涵與精神，不需循都市更新條例繁複的程序，讓改建程序簡單快捷。這方式可促進老舊建築物重建，提供多元的重建途徑，提升都市整體防災、居住安全及生活品質。

公辦都更以永和大陳義胞都更案為例，大陳社區之核心議題包含防救災疑慮、土地過於細分、居民整合困難、權屬關係複雜（租占戶），後續工作最重要的是持續溝通建立信任。防災都更需求與因應，進行災害潛勢風險評估，包含地震、淹水、人為以及火災，透過災害相關資訊的判讀，歸納新北市都市計畫地區關鍵評估因子及其影響評估要項。

臺南震災後全面體檢　專業溝通輔導

○二○六後，市長施政方向以及具體行動策略如下：（一）公辦都更：災害風險密集區域，篩選策略地區示範公辦。（二）自立都更：跨大協助作為：補助經費再提高，同時專業團隊全程輔導。（三）簡易都更：以簡化程序為主，依新北市施行細則第四十五條規定辦理；並擴大適用危險建築物定義。（四）整建維護：包含電梯補助、立面補助以及耐震補助。（五）老屋健檢：結構可以補強部分進行結構補強，不適用結構補強部分進行重建（自立都更、簡易都更）。（六）都更推動師蹲點輔導：目前二十四處社區輔導中。（七）防災道路與避難點：搶災困難部分應優先被更新，這部分作法則是增加誘因、加速取得。

早期談都市更新，為了捍衛財產權，大家都會高舉居住正義大旗；而都市更新條例當中提到為促進土地與建築物的合理利用，增進環境品質，環境景觀的價值也很重要。面對居住正義、環境景觀，居住安全更是不可偏廢的。

全民地震防災宣導，透過防災演
練，使居民得以熟悉災前防災整
備工作。

地震防、救策略　研習成長

李清安（新北市政府消防局）

新北市從二月底開始，召開多次跨局處會議，五月中，在正式的市政會議提出「新北市地震減災策略各局處應該辦理的減災方案」。

本市訂定「地震防救策略」，分為五項「防的策略」與三項「救的策略」。防的策略包含（一）保障市民既有建物安全、（二）確保公有建物及設施耐震、（三）強化都市更新防災因子、（四）強化基礎設施防災能力、（五）宣導提升民眾自我防護；救的策略包含（一）健全震災搜救機制及作業程序、（二）強化情資蒐集傳達機制、（三）精進本市特種搜救能力。

地震災損評估系提供資訊

新北市地震災損評估系統（NTPC-EDAS），使地震災損評估系統雲端化，透過雲端技術開發，建立更為彈性及穩定的「新北市地震災損評估系統」。擴充地震災損評估系統資料庫，搜集新北市建物類型、建物耐震分析資料、橋梁現況資料、人口分佈等更新擴充系統資料庫，提升災損評估準確性。同時強化氣象局地震即時資料連結，這部分與氣象局合作，利用本市二十九區地震即時觀測網之地震量測資料介接至EDAS，提供更精準之地震震度資訊，提升災損評估準確性。

為落實全民自主防災教育，教育局（校園防災）、警察局（治安社區）、水利局（水患自主防災社區）、工務局（坡地防災社區）、消防局（防災社區）、農業局（土石流防災社區），以上各局處於今年一月聯合召開本市整合型防災社區遴選會議，由本市參與遴選之社區（里）及區公所代表前往本府簡報社區（里）災害潛勢等情況，由前揭六局處及專家學者擔任委員，遴選十一處社區（里），於本年度推動社區防災工作。

落實防災演訓、社區防災準備

全民地震防災宣導，透過防災演練，使居民得以熟悉災前防災整備工作，並運用已建立之社區組織及資源，透過參訪，從中學習相關經驗外，也以實地觀察體驗環境來提高社區交流的互動機會與空間。建置防災體驗館。全民防災已成為國際趨勢，本市未來防災體驗館選址將以交通便利性與人潮聚集點為原則，並結合新建廳舍空間規劃建置，初步以竹圍、國光及永和新生地都更用地為考量，期能打造本市首座防災體驗館，透過互動式設施搭配災害情境，提供市民實地操作體驗空間，學習各項緊急避難知能，進而提升市民災害應變能力。

落實各項防災演訓，秉持「防災重於救災、離災優於防災」原則，由各機關充分運用政府及民間力量定期辦理各項防災演練，以整合及驗證各項救災能量與計畫。最後，如何精進相關救災能力部分，含括民間資源，並且在支援過程中，納入民間體系到政府救災倫理當中，是未來要努力的。

房子被商品化，財產權問題常凌
駕於安全上，有時需法令介入。

推動多元都更　適性角色發揮

張金鶚

理想只是口號，實踐才是王道，整合、財產權都是問題。都更如果都能成功，應都能防災，重點怎麼成形，各界見解不同，意見背後通常為觀念問題，房子被商品化，財產權問題常凌駕於安全上，有時需法令介入。如果某地區有一成住戶不同意，就很難推行，大家都一直在妥協，政府介入很重要。

再來就是立法問題，我不太支持公辦都更的原因，是因為沒有太大效果，如何有效推動多元都更，在制度下慢慢成長，是比較合適的方法。從震災觀點與居住品質來看，政府介入程度拿捏不明確。在臺灣，市場力量比政府介入還要大，如何運用民間資源有效解決問題，從教育重新檢討。都更條例現有這麼多版本，共識整合是最重要的，多元價值社會如何找到平衡點，讓價值突顯出來才能推動。法律制度背後要更彈性、更多元，不該只是依賴政府，都更不該成為政治勢力與政治上的操弄。

都更需相關部會及經費配合

都更、防災是整體政策，相關部會與經費要配合，包括金融財政、保險等。老屋健檢要強制立法，人民應部分負擔，成本可於第二年的財稅抵扣，改善環境之健檢費用得做為抵扣，若還不滿意可買保險，以加強更好的防災策略，各部會也要一同整合相關作為。

更重要的為財務管理，現在實施房地合一稅制，一半長照、另一半住宅。對於整個環境改善，防災地價稅要提高，一小部分的錢做為防災用。改善環境為人民要解決的問題，不該全推給政府，人民也需了解國家政策重要性。

講者簡介

美國賓汐法尼亞大學都市計畫學系畢，從事學術研究三十年，橫越建築、都市計畫、公共政策、經濟、財務金融與地政等領域。目前任國立政治大學地政學系教授。二〇一三至一四年擔任臺北市副市長。

過去都市設計審的都是單一建築，都市更新應整體看。以往棟距夠寬本為應該，現在竟要給獎勵，這些都是有問題的。

城市治理的韌性與永續

洪啟東

重建、整建、維護，傳統概念無法應付全球氣候變遷，頂多預防地震，將來應思考何謂減災、調適。過去都市設計，審的都是單一建築，都市更新應整體看。以往認為棟距夠寬本為應該，現在竟要給獎勵，這些都是有問題的，這牽涉建物產權認定和外觀。

傳統都市更新的意涵，是指已建成區或老舊建築區未來有更新需要，並留設可供滯洪空間，以及建築物增設雨水貯留設施，以降低淹水風險。「都市更新條例」旨在都市計畫範圍內，以公共利益為前提，為未來的居住環境與機能帶來全面改善。

防災型都更問題：產權、房價、資金

開放空間產權複雜、房價降低、資金等可稱為廣義防災型都更要面臨的問題。建議降低防災型都更門檻，最後關鍵還是要回到審議制度。但制度冗長，審議委員認為必須遵守公益、正義，居民則希望一坪換一坪。因為認知上差異，公聽會民眾曾提出不希望容積移轉，因為移轉後價格要由住戶負擔，導致更新遙遙無期。

國土計畫與防災資訊科技結合

將來國土計畫及防災資訊科技應鏈結，除防災資訊科技普及（監控、監測、監視）外，應運用大數據。另外，觀光與基礎建設脆弱度、維生設施與醫療系統的容受力，如大型活動地點與空間、文化歷史資產、交通節點與消費歡愉場所、老年與小童、長期病患及脆弱人口、不同層級的醫護設施和救援體系都應整合考慮。未來

發展型政府的新考量及定位，應由：（一）從經濟掛帥的城市空間成長模式，轉到韌性都市的可持續發展治理。（二）重視在地環境特質，以及在地文化的空間規劃。

講者簡介

國立臺灣大學建築與城鄉研究所博士，現任銘傳大學都市規劃與防災學系專任教授兼設計學院院長，專長為都市規劃設計、都市災害與社經脆弱度、社區規劃與減災設計、中國大陸城市與區域空間變遷土地利用管理等。

輕忽防災專業，欠缺防災專責單位。被重視的僅止於預測，但法令、政府運作等問題沒有人關注。

面對容受力 成立防災專責

李鴻源

國內地震研究預測做得非常好，雖都是科技部單位，但其研究和政府直接連結不太強。過去我請營建署計算土地容受力，推算如何明智使用這塊土地，我們如果要做大臺北防災型都更，可能需二十年時間，若基礎假設是有八百萬人在臺北，那幾乎沒有空間了，因為土地成本太高，做任何事的負擔成本都太大，等於穿著西裝改西裝。

應加速防災總署成立

我們缺的是防災專責單位，如果一年預算十億、有一百五十至兩百人規模的防災總署，就可以指導內政部、科技部、各部會執行業務計畫，幫助協調整合。臺灣最困擾的是防災專業沒被重視，被重視的僅止於預測，但法令、政府運作等問題沒有人關注的。未來如果防災總署成立，相關作業便水到渠成。

閒置土地及校舍連結都更防災

財務規劃部分，如幾百萬戶、一千萬戶的補強更新，是天文數字，目前政府負擔不起。我之前才會把閒置土地校舍，私校退場與都更防災綁在一起。這已經是一個政治問題，而非法律問題，若把它當政治問題就有彈性許多。

私校退場規定是所有財產要充公，不退場的結果是少子化使學校倒閉，政府反而要付一百倍代價。賠償可以，但是土地變更，政府拿六成，提供土地誘因，但私校仍須回饋相當比例的土地給政府。

利用合適案例做出示範區

地震是大議題，如何利用政府手上的籌碼和空間來容納危險建築；在政治層面解決後，再談法律如何鬆綁，不然每條法都有盲點，承辦人無法解決法律問題，因此要釐清政治和法律問題。以臺南市為例，市政府沒有能力解決安平地區土壤液化問題，已經是既成災區，我們可在重建時，檢視法令有哪些差距須補強或重新檢討之處。新北市也是適合的案例，現在有了防災型都更財務計畫，有憲兵訓練中心，何不挑這種案子做出成效，讓民眾了解什麼是防災型都更。

如果政府沒有能量執行，如何建立夥伴關係，需要專業思考。要從政務官角度看事情，然後再從事務官角度分別討論，因為兩者角度一起看是無解的，跨領域對話、跨領域整合才是重點。

公部門回應

高文婷（內政部營建署建管組）

從〇二〇六經驗來看，營建署建管組密切關注三件事情：（一）技術規範強化、（二）行政制度改進空間檢討、（三）實務執行的落實。

〇二〇六後，我們召集產官學專家，檢視臺灣耐震規範有無進步空間，各方共識是在八十六年五月一日所頒布的中華民國耐震規範，經過兩次修正以後，目前安全性是夠高的，對於技術規範，沒有立即強化急迫性，耐震規範尚稱足夠。

技術規範分兩部分，一是建築物結構耐震設計，另外一個是地基調查。針對地基調查，土讓液化直接影響低矮房子，在現行技術規範中，對於四樓以下非公眾房子反而認為可以免鑽探，且可採用鄰地可靠的資料進行作證，這部份目前正在進行調整，未來在中高的地震潛勢區中，低矮房舍的地質鑽探可能不能減免，除非已經完全把土壤係數、參數納入設計。

目前行政管理制度，在行政制度架構分立不變情況下，技術部分是否要有專業的監督機制？實務執行面，全臺既有建築物比例非常高，執行面分為新建與既有建築的改善。

劉田財（內政部營建署管理組）

九二一地震後，營建署針對既有建築物進行補強工作將近十五年，現在我們要把經驗轉化到私有建築物。

目前以全國的建管資訊系統進行篩選，發現全國八十八年十二月三十一日以前，建築物約有一千兩百多萬件，數量是公有建築物的四十五倍左右，量大、需要龐大經費、評估人力也是，所以計畫安排時程是六年，成為現在的「安家固園計畫」。此計畫在一〇五年四月二十九日經行政院通過前，亦已向新政府的準內閣進行報告，計畫受到新舊政府全力的支持。

計畫對象是私有建築及住宅，與早期公有建築物性質不同。推動是以受理申請方式，等於被動申請。有部分人會因房價或其他原因而拒絕評估，將來希望修法增加強制性，評估後，應該要有改善作為，這部份將與都市更新接軌。未來可能有獨棟的公寓大廈需要拆除整建，其面臨的最大問題是共有、持有問題。為了大眾生命財產安全，必須立法來執行強制性手段。

柯茂榮（內政部營建署都更組）

從防災都更角度，臺灣位於地震帶上，老舊建築約兩百九十五萬戶，人民容易受到地震等災害的威脅。政府主導都市更新，就是推動公辦都更，政府主導都更時，是依據《都市更新條例》第九條推動；在都更條例修法草案中，從一條擴張為九條，使政府做大面積的都更時能更迅速、更全面。人力發展部分在調整與整合時，我們希望有一個專責機構來協助推動實施，替政府擴展公辦都更的效能。至盼都更條例在社會各界有共識之下，盡速完成立法、修法作業。在中央部分成立專責機構，增加都市更新能量，提升臺灣都市整體防災功能。

林純如（內政部營建署都更組）

有關修法部分，都更條例從八十七年訂定以來進行八次修正，修正都是為了加速、簡化程序、縮短行政流程。一直到文林苑事件及大法官七〇九號釋憲之後，整個修法方向更趨嚴格，然而〇二〇六後，大家又覺得都更太慢。未來推行都更，要如何兼顧程序正義及居住正義是政府面臨的課題。行政部門會徵詢各方意見，力求在政策的需求下兼顧各方利益平衡。所以第九次修法部分，除了針對地震災後重建、同意門檻和程序調整外，最重要的是符合憲法所要求的正當行政程序。公辦都更是大家強調的，先前機制不是這麼健全。所以，我們建立了讓民間資源引入政府公辦都更的機制，使將來公辦都可更順利執行，這些條例都已在今年三月送至立法院審議中。

篇七、當你老了回首家園

未來人口老化問題只會越來越嚴重。全世界都有此趨勢，但臺灣生產力下降、高齡化速度比其他國家更快。

營造活躍、健康老化 銀色經濟環境

邱淑媞

青壯大軍退休潮來臨，長者需求急遽增加、生產力減退、消費力消退，鼓勵生育黃金時間只剩五至十年。人口成長趨緩，目前是生產人口最豐沛時代，但已感受缺工壓力，高齡人口以倍數成長，從扶老比（十五至六十四歲／六十五歲以上）來看，目前十個年輕人扶養一位老年人，到二〇六〇年則變成一．三個年輕人扶養一個老年人。二〇一六年臺灣十五－六十四歲人口比例達到最高值，往後就會逐漸下降，未來人口老化問題只會越來越嚴重。雖然全世界都有此趨勢，但臺灣生產力下降、高齡化速度比其他國家更快。二〇一五年底，臺灣已有十個縣市高齡人口達到一四％，四十五鄉鎮達到超高齡。

面對這個議題，首先想到的是高齡人會失能、生病，需要經費協助，會增加社會負擔，另一方面則擔心生產力下降，消費力也會疲軟，但從正向思考，如果長輩健康，也可以成為睿智、有經驗的生產力，同時在醫療消費負擔會減少，這就是「銀色生產力」、「銀色消費力」。政府部門在給養老金、醫療費用、長照費用的同時，如何誘使大家改變想法，不再僅是「生病不用愁，失能不用籌」，而是利用經費，幫助對象維持健康狀態，而政府採購與投資方向也要思考。

慢性病導致的失能 社會成本最高

根據研究，一個不健康的人所活的時間雖然短，但其花費的經費與社會成本是最高的。民間調查也顯示，百歲人瑞跟六十五歲的一般人相比，也是看病較少吃藥較少，因此健康與社會轉化是做得到的，這就是所謂「失能壓縮」的想法。

什麼問題會造成失能與死亡？健康年數損失是國際通用指標，目前造成健康年數損失最重要問題的是非傳染性的慢性病，包含糖尿病、心臟病、中風、癌症、慢性呼吸道疾病、失智、事故傷害以及失明、失聰等感官問題，雖不會造成死亡但會導致失能並折損年數。全民健保不能保證國民健康，應注重慢性病的控制。

世界衛生組織定義健康老化，利用維持或增強老化後的功用能力（functional ability）來達到健康老化。功用能力是內在效能（身心健康狀況）與環境特性兩者交互作用所決定。也就是說即便我們老化並有部分失能，但若環境友善，應用輔具幫助，還是能維持好的功用能力，就是健康老化，如此就能強化社會、經濟韌性。相關的變因我們都清楚，肥胖、菸酒、運動習慣、老人疫苗、事故傷害預防等，若能於前期準備好，功用能力的提升將會事半功倍。

「高齡友善城市模組」八面向

臺灣過去有《人口政策白皮書》，建議雖好，但有兩項缺點：（一）不夠完整，沒有包含民間與產業的力量。（二）如何於地方落實。世衛提出「高齡友善城市的模組」，模組中有八個面向與一個檢核表，告訴我們哪些事情可使環境對長輩更友善，包含住宅、交通運輸、社會參與、公民參與、公共空間與建築、資通訊環境、社區支持及健康服務、健康與長照的服務體系等八大面向。

創造衣食住行的銀色商機

在銀色經濟部分，除了傳統醫療與長照，活躍老化與健康老化是新的銀色經濟商機。包含高齡友善經濟食：社會企業輔導高齡友善餐廳，增進行動不便長輩全家用餐友善性。衣：樂齡網針對長者各式各樣的需要及生活用品，建置長者服務平臺，不僅限於實體通路。住：智慧宅設計遠端監控、健康照護系統，即時守護長者日常生活及健康狀況。行：多扶（接送）發展創新長輩接送服務。育：樂齡學習提供課程及開發長者多元興趣與潛能樂：銀髮套裝旅遊增進長者外出旅遊方便性，為高齡族群提供娛樂活動空間。而財務處理則是一個新議題，包含退休金理財，大部分人瑞財務無法獨立處理。而挑戰在於工作人力的轉型與訓練，e化系統建置、領導與治理、財務分配等各項新工作之間的整合，以避免資源的重置浪費。針對近年觀察，發現雇主觀念應改變，建立跨齡友善工作環境，去除強制退休年齡，不要製造提早退休誘因，甚至可給雇主留任長者的誘因，訓練長者再返職場，都是應該著手的方向。

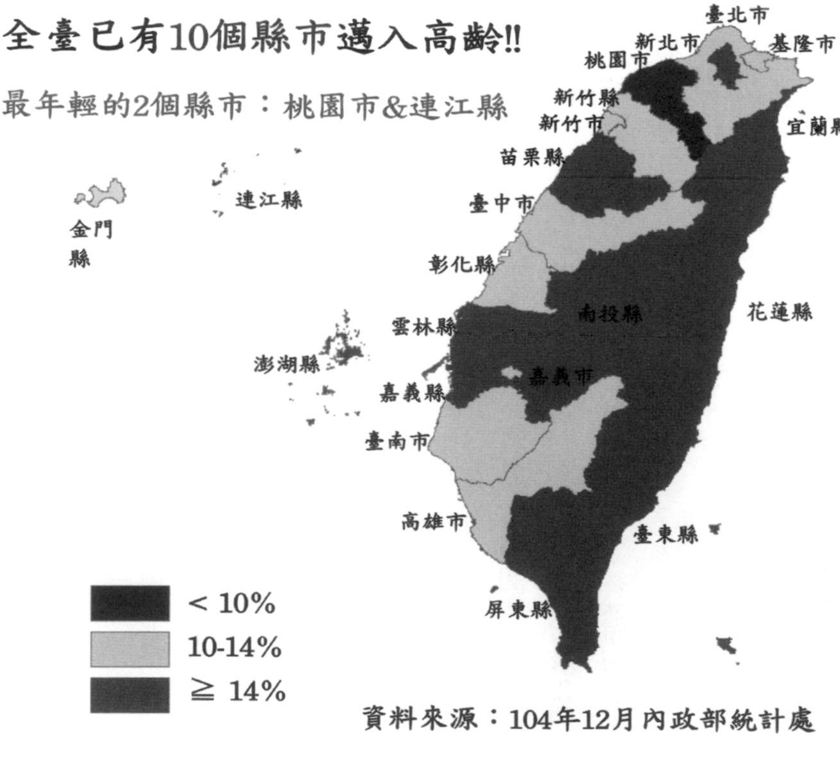

資料來源：104年12月內政部統計處

發展健康為核心價值的互聯網

二〇一五年九月聯合國通過十五年永續發展的十七大目標，當中首次把非傳染病、事故傷害與心理健康促進都納入改善目標，包含糧食安全、公眾環境、創新經濟（韌性經濟）、等都是龐大的商機，而當中的生產與消費行為都應縮減社會不公的差距以及符合生態永續、促進人類健康等目標。

發展以健康為核心價值的ＩＯＴ互聯網並誘因設計，例如由保險業設立健康促進互聯網，以被保險人健康、不失能為獲利來源的產業誘因，被保險人可以自由加入，提供並持續豐富醫療、長照、社福、保健各種資訊，也能結合跨業聯盟（先經過濾），建立社員消費平臺，並亦鼓勵社員評分，對於健康採購與健康使用，給予計分、競賽、分級、回饋，依會員需求與評價，增加或減少合作供應商，由業務員與醫療或長照團隊共同合作，提供會員持續性由機構到社區無間斷的支持。

需邁向整合式體系，促使老年人在對的地方老化，強化工作能力發展，支持照護提供者，促進整合式照護，確保永續與公平的財務機制，在政治面與社會面，改變長期照護的心態，因應這擋不住的趨勢。

講者簡介

臺灣大學流行病學博士。曾任宜蘭縣政府衛生局、臺北市政府衛生局局長、行政院衛生署國民健康局局長、衛生福利部國民健康署署長，現任部立桃園醫院顧問醫師，專長於家庭醫學、公共衛生。

高齡照顧呈現「兩片」─片斷化的照顧、片面化的思考，導致看病不看人。

集體長壽急增下　政策因時制宜

陳亮恭

我們正經歷歷史上的集體長壽，人類在近兩百年來平均壽命從四十歲增加到八十歲，這個歷史現象在人類世界中從來沒發生過，很難從過往經驗中找因應辦法。臺灣於一九四五平均年齡為五十歲，如今已從五十歲增加到八十歲，人口集體長壽的速度高出全球。

歷史上能調整國家人口結構的方法大概只有生育政策與移民政策。臺灣在上述兩方法上並沒有什麼成績，且看起來很困難，因為出生率不斷探底。其他國家的應對策略，德國祭出高額津貼，勉強可維持出生率；瑞典是改變整個國家體制；法國、澳洲或北歐國家生育率甚至有提高趨勢，這是福利國家的作為，也是整體改善國家人口結構的作為。移民方面，澳洲是對移民最友善的國家，二〇一四年年度移民人口達總人口數三％，臺灣在同年度約為五千人（〇．〇二％），並多是婚姻移民，九五％都是女性。在人口結構難以修正的情況之下，許多已開發國家開始探討扶老比定義，現今是將六十五歲以上人口視為需要照顧的分子，但許多國家由於國民的健康狀況提升，建議應上調此一標準至七十或七十五歲較為洽當。

健保醫療設計跟不上時代

從健保面向檢視我國醫療服務對老年人的友善程度，過去醫療體系發展的過程乃希望大家不要因病而窮、因窮而病，國家以擁有普及、優質、平價的醫療為目標，但建構過程中，人口快速高齡化，體系設計跟不上時代變化。臺灣近十年的全民健保資料分析中，高齡民眾高達六五％以上服用潛在不當用藥，且逐年上升，而具有潛在不當用藥的高齡病患，年增五三％的住院風險，且多為骨折相關住院，整體費用無形中增加一百五十億以上，可見醫療體系對於照顧多重疾病的複雜高齡長者猶有許多未竟之功。

醫療與長照體系 片斷化、片面化

臺灣老人年平均住院〇．三八次，為六十五歲以下民眾住院風險三倍。常見診斷排序為肺炎、癌症相關治療、泌尿道感染、腦血管疾病、心血管疾病等。單以失智症的長者來說，患者通常因為年紀大會伴隨其他的疾病，就醫時，卻不是具有失智症照護醫療團隊診斷或治療，造成醫療片斷化。骨科亦同，髖關節骨折病患在臺灣，絕大多數可在二十四小時內開刀，有高效率，但健保DRG支付下，對病患後續照護措施不夠，鮮少關心患者跌倒的背後原因、骨質疏鬆的狀況、能否復原、是否接受充分復健。臺灣的醫療體系設計僅重視急重症醫療，缺乏對病患的長期考量，一味追求提升醫療效益是不夠的。長照場域情況更差，醫療與長照脫鉤，醫生常不會看到長照個案，開藥無法完全符合需求，高齡照顧呈現「兩片」——片斷化的照顧、片面化的思考，導致看病不看人。若以合併失能來看，六十五歲以上者一六％有各種身心失能，七十歲以上則有四〇％，處理高齡者醫療照顧需同步考量多重疾病與身心失能，這是常態，但體系並沒有這種設計。

建立「失能預防」體制

開發中或已開發國家，餘命都增長了，但不健康餘命增加的比健康餘命還多。醫療體系看似成功，不代表病患都能健康生活，是醫療體系發展困境。處在高齡社會，臺灣對於失能預防的問題關注較少，過去研究指出高齡長輩若出現失能，甚至比疾病造成的死亡風險更高，不論原先健康狀況如何，高齡長者一旦失能，死亡率就會大幅增加。當今社會與醫療體系忽略失能對於健康照護的衝擊，失能不只是單純的照顧議題，而是整個社會面必須面對的挑戰。

未來，社會應設立以「失能預防」為目標的體制，針對（一）身體功能、（二）心智功能與（三）感官功能三方面切入，使臺灣社會將失能極小化。這過程中必須建構完善個案管理，否則未來照顧體系將更複雜、更片斷化。

醫學教育一直以來針對疾病進行教育，四十歲、五十歲、八十歲的高血壓都叫高血壓，但隨年齡不同，身體狀況也有所不同，應有不同處理方式，但醫學教育甚少教導不同處理邏輯；每種個別疾病都教得很仔細，但當一個人有五種病時，也未教導如何同時處理，最後造成多重就診與多重用藥的負面結果。

長者法定定義　與社會、產業發展契機

體系若要活化，很多法皆要修改。《全民健保法》目前支付以門診跟住院為主，法規沒納入高齡社會的獨特需求。長照一直無法跟醫療體系、預防保健體系結合。長照固然需保障弱勢，但要明訂範圍，避免產業難以導入的現象。讓具有各種不同需求的民眾有明確方式去取得服務，可能是政府支付的長照服務，也可能是產業界發展的服務，讓產業進一步發展，產業與社會才能共同發展，多軌邁進。歷史上從未明確定義「老年人」，僅有俾斯麥為退休年齡定下六十五歲標準，後沿用為老年人定義，德意志帝國當時平均壽命僅四十七歲，現在平均餘命近八〇歲的時代，我們對老年人的定義卻停在六十五歲。超高齡社會結構勢不可擋，傳統思維與策略難以因應，翻轉法定老人形象與健康，創造社會經濟發展新契機。

講者簡介

擔任國立陽明大學教授，引領臺灣高齡學術領域的研究擠身國際領先群，至今發表近三百篇學術論文，引領亞洲開發老化的新理論；國內高齡醫學領域的權威，服務於全臺收治病患最高齡的臺北榮民總醫院。

長照估計約是健保總體財務支出的四分之一以內，以推動健保成功來看，做好長照應不困難。

高齡社會　科技因應、社造協力

黃榮村

老齡化囊括很多主題，包含年金改革、國家長照計畫、扶養體系等項在內，今天因主題放在韌性都市上未及探討，以後可再做相關主題討論。臺灣社會對老化危機有感，缺的是有效與全面的做法。統計預測資料指出二〇二〇年六十五歲以上人口將首度超過十八歲以下人口，兩者的交叉差距越來越大；未來十年，老年人口則將超過二〇%，情勢相當嚴苛。

有效延緩失能、失智的邊際效應

危機感早在全國科技會議的討論中就已萌生，當時因應的重點方向是：（一）發展老年關懷科技。臺灣因ICT產業（資訊與通信科技 Information and Communication Technology）特別有成就，關懷科技甚有可能發展到國際等級，甚至成為國際性的社會產業。雖列為重大方向，但沒有具體的實現策略，科發基金似亦未匡列足夠預算，最後未見達成。顯現臺灣對老年問題是有危機感，但行動緩慢，需做調整。（二）長期失能與失智是老年人口中很大的問題，生命年齡目前的人口學極限應是一百二十來歲，若能有效延緩平均的社會失能年限，則需要全力照顧的總量就會下降，故延緩失能與失智應被列為最有邊際效應的政策，包括全面稽查、評估，盤點臺灣社會終身學習和志工服務（包含參與環境生態、社區、醫療、與公共事務志工或學習的老年人），老人也有豐富經驗可以幫助或參與創業，應有專責單位先盤點資源，以訂定出可讓老年人多參與、延緩失能失智的有效政策，以讓老年人不要太快變老。（三）長照人力問題，臺灣各大學及專科學校，護理人才培育專業教育質量俱佳，若政策明確，在此基礎上推動長照人才培育應是事半功倍。目前許多大學內已開設相關學程，開始針對老年化社會做準備，老年醫學也逐漸起步中，只要長照政策確定，長照人力應該是可以在教育與醫療體系中培育出來的。

長照政策明確 社造協力建立 發展臺灣模式

國家現在規劃稅收來籌措長照財源，原則上應該是以弱勢群體為優先，穩定後再研議是否逐步推動一般人民的長照保險。這看起來可行，因為長照的財務支出，估計約是健保總體財務支出的四分之一以內，以臺灣推動健保成功而言，給時間做好長照應不困難。

韌性社會或韌性社區的建立和普及，在臺灣已有相當經驗，但在老化上則是大挑戰，過去建立韌性的目標主要都不在老化問題上，例如九二一震災和八八水災之後的重建工作，可以看到專業團隊、志工團體和社區總體營造團隊及社區，都做出良好的協力、互動、與整合，讓創傷後壓力異常的發生率降低，復原率迅速提高，人性的安頓獲得比較好的照顧，社區復原及重建效能變快，韌性成就非凡。這些都是從九二一開始，更早發生賀伯颱風（不比八七水災小）時，社會還未發展到那地步，當時還看不到整齊的專業與志工團體。社區總體營造與社區韌性開始發展，不能忘記老人，老人不只是被服務者或是單純的使用者，因身處其中、身為當事人，較知道如何達成需求，如捷運系統應如何標示，才能讓老人還未疲累迷失前，引導老人找到可順利出口的扶梯或電梯，就是一例。老年人應可當共同參與者提供切身的意見，有助於整體水準之提升，而在參與同時有延緩失能的效果，這種老年政策規劃與發展，一定能因此走出獨樹一格，對大家都有好處的臺灣模式。

講者簡介

現任中國醫藥大學神經科學與認知科學研究所講座教授，學術專長為人類知覺、認知科學及決策與選擇行為。自一九九六年起出任行政院國家科學委員會人文及社會科學發展處處長、行政院政務委員、教育部部長等職。

國外就交通議題上，甚至為高齡者安排訓練，使高齡者瞭解其對社會交通帶來潛在危險。

補強交通規劃　由老人需求思考

濮大威

我是交通老兵，但必須先承認，這是我第一次由老齡社會來探討問題，從事交通與城市規劃，身為工程師一向有個責任，就是要看未來趨勢。高齡化社會對臺灣造成衝擊，影響是多層面的。議題往往扣住醫療專業，對於交通的著墨鮮少，但在國外，自一九七〇年代陸續有相關研究，多是老年人駕駛時對於交通安全的影響。從政策層面來看，OECD國際經濟合作發展組織二〇〇一年出版的「Ageing and Transport」才就交通、老人需求、安全課題做深入探討。歐盟則關心大眾運輸對老年社會的服務，EMTA歐洲都會運輸組織協會二〇〇七年出版「Older People and Public Transport」，爾後歐盟許多執行計畫都以這為參考依據。歐盟替高齡化社會進行組織安排，GOAL-Growing Older, Staying Mobile 此組織有許多資訊公開在網路上，並與各國中央、地方政府運輸部門聯繫。

國外就交通議題上，首要問題是交通安全，關心高齡化駕駛對於道路安全的衝擊，駕駛執照不是人權，是社會給予的特權，因此需經過健康檢查才能給予駕照，甚至為高齡者安排訓練，使高齡者瞭解其對社會交通帶來潛在危險。另一方面，政策所關心「高齡人士獨立（自力更生）生活能力」：包含心理的影響，例如（一）如何延長駕駛歲月的研究；（二）如何從駕駛汽車道駕駛輪椅或者代步車；（三）並鼓勵他們能在社區中騎自行車、步行等；（四）替代的大眾運輸、準大眾運輸系統；（五）行人環境；（六）無障礙交通環境等。

永續交通上　尤重軟、硬體配套改善

「高齡化社會的交通」和「永續交通」所鼓勵的政策或發展方向不謀而合：（一）改善大眾運輸、準大眾

運輸系統；（二）改善行人環境 Active Transport／Mobility；（三）無障礙交通環境。高齡化社會的交通不是單一議題，包括城鄉、年齡層區別、國情、文化、性別上的差異。

建議政府及 NGO 都應重視「高齡化社會的交通」之研究，不論是環境上或資訊上改善，尤其是：（一）汽機車安全議題及其對應措施；（二）電動代步車管制措施；（三）行人、無障礙環境改善；（四）可參考國外文獻，規劃、改善「高齡者的交通資訊服務」。

講者簡介

美國哈佛大學甘迺迪政府學院碩士，浩通國際公司董事長、臺灣高鐵獨立董事。曾任臺北市政府交通局局長、臺北捷運公司及高雄捷運公司顧問。

不論城鄉，養老、護老都應跳脫「屬於家庭負擔」觀念，它是集體消費、合作事業、社區營造，也是社會設計的範疇。

因應高齡社會乃歷史性挑戰

曾旭正

臺灣如何因應高齡社會而創發出一整套機制，乃是歷史性挑戰，行動作法應兼具經濟效用與社會效用。其中，經濟面指的是型塑護老產業，引導資金流入護老相關的一、二、三級產業，且應具體發揮創造就業、促進社會設計、提升生活環境以及促進社會公平。

透過新的非營利組織串聯地方政府

行動規劃應務實配合社會價值、家庭生活型態、親屬關係、城鄉差異、世代特性等。就世代特性而言，以二〇一五年六十五歲者為例，這一代的老者多是一九五〇年代以前出生，成長、就業於一九六〇—八〇年代，正是臺灣經濟成長蓬勃，都市化快速的年代。因為生逢其時，經濟相對富裕，多數人搭上房地產投資列車，因此在都市中自有住宅；相當比例的人，是第一代城鄉移民，因此擁有城與鄉的生活經驗。如今多數在新故鄉老化，都市環境條件如何支持其維繫適當親情關係和社區認同。

振興農業　年輕人入鄉照顧老人

同一世代的另一族群是留在故鄉者，多半務農或從事其他二級產業。面對子女不在身邊，田園將蕪，鄉村社經活力退化情況。因此，要處理鄉村地區護老課題，不僅是以老人為焦點，更要振興農業，引導年輕人入鄉，間接達成世代之間照顧老人的效果。舉例來說，都市老齡人多住在公寓，沒有電梯設備，若能在社區附近找新的房地產開發產品，購買設施完備新住宅套房，將舊有房產釋放給第二代子女居住，不再強調三代同堂，而以三代同區照顧取代，也許這是政府可以鼓勵的住宅產品改善方法。在都市地區，不以家庭為焦點，而是以社區型活動中心、公共設施為著力對象。

不論城鄉，養老、護老都應跳脫「屬於家庭負擔」觀念，它是集體消費、合作事業、社區營造，也是社會設計的範疇。在此觀念下，相關政策計畫設計，都應以合作、共享、互助為核心價值，惟有這樣做，才能真正達到對老人友善的社會。為此，政府與企業可多支持非營利團體，鼓勵開創社會服務的業務，譬如開設「社區長青共食廚房」、經營老人社團等。

新社會關係　需要新的社會組織

面對養老、護老需求，社會需要新的社會組織及新的社會關係，才足以藉由它們發展出新的服務、空間類型、活動模式等。而根源是扎根於社區的人與組織，因此有兩個方向可行，一是已有社區營造經驗的社區，鼓勵其向社區養老這塊擴展行動；另一則是支持新設非營利組織（NPO），如合作社、社會企業等，以「健康城市」為機制，串起地方政府各部門。交通面來看，無人車、結合IT（Information Technology 資訊科技產業）的公共運輸、Uber（鄉下更需要）、網路宅配購物等，都將更有利於老年人的交通需求。

比照國外做法，讓每個人有自己的「Unified budget」（統一預算、綜合帳戶），算成稅的一部分，包括個人房產、健保、年金等都在「一包」裡。

三層老年經濟安全：社會保險、職業保險、個人儲蓄

胡勝正

老化趨勢會越來越嚴重，美國人六十五歲退休，通常兩年過世，年金兩年就夠了。但現在增長八年，延遲退休兩年，多繳兩年少領兩年，前後縮減四年，都是為未來著想。人口老化是由於人口高齡化與少子化，牽涉社會保險的世代公平正義。老年經濟安全有三層，第一層是社會保險，就勞工而言就是勞保。第二層是職業保險或年金，也就是勞退。最後是個人儲蓄，隨著人口老化，子女減少，社會保險財務短絀，這層角色功能愈來愈重。當人口老化衝擊世代移轉機制，兩個常用的解決方案是：延遲退休、少領年金，與提升基金運用效率。

就延退而言，人口高齡化，因健康增進，不但減輕社會保險負擔，也有助身心健康。但延退需前瞻性的規劃。延退等於剝奪年輕人工作機會，高失業率時代，必須審慎。除重視健康外，保持人力資本的生產力亦是必須。基金管理責任與績效，更必須恪守善良管理人職能。除退休制度外，全民健保因人口老化的財務改革，促進健康及保大（病）、保小（病）都必須重新檢視。保財務安全，還是保健康，還是能兩者兼顧？我認為不是臺灣人喜歡看病，而是全民健保制度有問題，現在制度只能單點沒有套餐，看病需一科科掛號，只為符合全民健保給付。

建議比照國外做法，讓每個人有自己的「Unified budget」（統一預算、綜合帳戶），算成稅的一部分，包括個人房產、健保、年金等都在「一包」裡，把老年人相關的個人資金、資料都一起記錄，更重要是讓高齡社會的政策效率提高，在適當的時機、注入妥適資源。

檢視對老年人口缺乏友善

交通上，臺灣對老年人口並不友善，騎樓高低不平且道路坑坑洞洞，雖已有扁平化處理，對老人家依舊不方便。許多人原是一條龍，老年跌了一跤，最終只能躺在床上。捷運系統便利，電梯為捷運必備，但標示不清，需繞了許久找尋，這對拿拐杖的老人是大挑戰，這些都可以改善。地方政府建設自行車道，卻壓縮老人行路空間，危險也很諷刺。現在都希望老人盡快交棒，老人是很痛苦的。以前我六十五歲，他們說我在這邊服務三十年，要辦歡送晚會，但現在老闆說我應該退休了。

日本老人很多活很久，日本很多區域金融資產都在六十歲以上的老人身上，利息每降低一點，老人年金或孳息就少一點，臺灣以後可能會變這樣。曾副主委提到社會住宅對眾多老人的重要性，對年輕人亦幫助不足。現在很多老人住老房子，成了釘子戶，老人也需要人權，我贊成尊重財產、生命權，但如果因為釘子戶無法都更，有天遇到地震樓房倒塌，亦應警惕。

我們要建立一個活躍老化的家園。如果能做到美國亞利桑那和佛羅裡達那樣，用好天氣歡迎年輕退休族去打高爾夫、划船，真的不能動時回回老家，也能請東南亞有錢人來投資，不活躍時再回去給子女照顧。

講者簡介

經濟學者與政治人物，主要的學術專長涵蓋總體經濟學、公共經濟學、經濟成長理論等方面，為中央研究院院士。曾任中華民國行政院經濟建設委員會主任委員，行政院金融監督管理委員會主任委員、財團法人中華經濟研究院董事長，二〇一八年病逝。

篇八、一起回家　看後山原鄉

推動高齡友善社會應由公部門帶頭，引領私立機構、民間社團共同打造。

前言

邱文彥

有鑑臺灣少子化與人口老化問題嚴重，尤其偏鄉後山，勢必影響國家永續發展。推動高齡友善社會應由公部門帶頭，引領私立機構、民間社團共同打造，老年照顧在各縣市、鄉鎮是關鍵，在地人的投入是核心。由於涉及社經資源大量注入，中央政策須明確，地方須因地制宜，執行紮實而不虛華。

今天主題在國土計畫中，農村、農地如何進行適當管理，農民如何被照顧、農業如何永續發展，以及農村整體發展如何面對老化。

本次會議特邀關懷臺灣鄉土的地方首長，農委會曹啟鴻主委及蘇煥智前縣長就從政經驗，一起面對熟悉議題，氣候變遷、人口結構變化壓力，仍有許多問題待解決。原住民好友士章及荒野的榮孝，是行政院永續會多年伙伴，新北小邱、南投玉萍全然投入基層重建家園，褚志鵬教授自史丹佛大學歸國，從教學到政策規劃，關心花東在地老化問題。兩位專家學者，李永展理事長專研社區營造及國土規劃多年，吳肖琪教授對老人社會、長照、醫療服務經年投入，社區老化議題需不斷對話，堅持崗位，互通互助，持續推動。國土的發展歷史長遠，基金會將繼續努力。

環境發展困境使人看到問題，地方政府通常只有垂直業務，少了水平整合。

金山倡議　農地農用　與候鳥同棲

邱銘源

臺灣生態工法發展基金會成立初期，口號是「臺灣環境復興運動」，當大家不知如何著手時，因緣際會認識八煙聚落，才發現推動臺灣環境復興運動應從最小有機農村開始。七年前進駐時，十戶人家平均年齡七十五歲，老人依靠老人年金及休耕補助生活，年輕人口外流，就像臺灣多數農村的縮影，若八煙能成功使產業提升，吸引年輕人回流，我們相信此模式也能適用在臺灣其他農村。

環境發展困境使人看到問題，地方政府通常只有垂直業務，少了水平整合。偏鄉在人口老化、生活環境、糧食自給率等都有問題。過去農委會推動漂鳥返鄉計畫，產生許多多元效應，當政府為環境保護而徵收土地時，老百姓非常抗拒，因為價差太大，我們在思考一套能讓老百姓得利、環境受到保護，又能確保糧食安全的方法，因此提出「金山倡議」。

金山倡議想法本於食安，一公頃農田過去交給農會約有十三萬收入，但我們建議新北市政府若該地不使用農藥、化肥，則以兩倍價格對地補貼，而一隻西伯利亞白鶴來訪金山，讓一位農夫決定在五分地上進行友善耕作，新北政府看到了，也願意支持並鼓勵更多的友善耕作，我們持續朝十六公頃友善耕地目標前進。

白鷺鷥與三百二十萬撥助　新北農村復興

三百二十萬預算可以讓兩萬金山居民有無毒的生活環境，並提供一千八百位學生每天吃有機營養午餐，也提供數萬隻候鳥棲息地。這個預算產生多元效應，如果模式可建立，地產地消能降低食物里程，政策綁定下，年輕人會有信心，長期下來無毒環境帶給人們健康體魄，間接降低社會負擔。我們期待政策方向應朝統合政策思考，而非只看到農業。

講者簡介

前財團法人臺灣生態工法發展基金會副執行長，受到母親「愛鳥阿嬤」邱盧素蘭的影響，在四十歲那年辭去了穩定的公務員，陪著爸媽在世界各地拍攝鳥類，建立圖鑑；隨後，一頭栽入生態保護工作。

我想親腳踩踏在田土中，實際體
會目前農村困境。

返鄉歸田 天生地養

賴榮孝

二〇一六年六月底卸任荒野理事長，送給自己的禮物是回鄉歸田，我想親腳踩踏在田土中，實際體會目前農村困境，試圖找到農村復興運動的著力點，重新建立農民的尊嚴與價值。

如何讓農村再生？水保局再生計畫必須調整。回到家鄉，全村都知道有一個傻瓜，離棄都會回家務農。臺大郭華仁老師明示農村具多樣性角色，重要性不僅是生產糧食，自然保育、景觀維護、文化及休憩方面亦重要。我大膽提出與野草共生，除不用農藥，連有機化肥都不使用，鄉親們也只拭目觀望。

阿孝的田收成了

「阿孝的田」稻子收成了，上網尋求五十個贊助者，短短兩三個小時就額滿。臨田鄉親打聽，我粗估一分地大約收入兩萬，這一期因梅姬颱風，一般慣型農法，一分地可收一萬至一萬五就不錯。我這方有機稻米卻能以三倍價格完售。人們常認為年輕人不回鄉因無法生活，是錯誤想法。只要肯做，生活、生計絕對沒問題，但兩個關鍵：其一是必須從量的提升改為質的提升，其二是生活價值觀必須調整。

量的提升改為質的提升；農民為提升產量密集種植，養分不夠就施肥，密集種植易得病蟲害，於是又灑更多農藥。量提升了，成本也提高了，收益不見得好，消費者還可能吃下農藥殘留。耕種密度適當，土地承載力不會過度，產量雖下降，但收益會增加。

就生活價值觀來說；鄉村務農若只求全家溫飽，滿足基本生活，天生地養絕對沒問題。不以賺大錢為目的，是求生活、生計，留給下一代還有好環境，這是未來「農村復興運動」要思考的。我回鄉體驗四個月，未來還有很長的路，希望自己的行為能影響他人。「農村復興運動」不只是農民的責任，更是消費者、臺灣子民需重視的。

講者簡介

前荒野保護協會理事長、行政院永續會委員、新北市健康城市與永續會委員、教育部戶外教育推動會委員。專長領域為河川教育、河川溪流生態、水資源循環再利用、棲地生態保育等。

社區長輩儘管年邁，卻還能活動，就是件幸福的事。

注入文化質變 活躍老化新家

楊玉平

一個從都市移植到鄉村的花朵，喜歡文化也是教育出身，面對全新挑戰，敬老尊賢、全然投入、全面帶動。碧峰社區發展協會於民國八十一年立案成立，有鑑於高齡化社會來臨及社區人口老化，於民國一〇〇年成立社區關懷據點。社區人口五千多人，但我們已有兩百多位志工，透過調查願意服務的時間、地點、專長，再進行分配，就能建立很多人力資源。

回到社區改造上，碧峰社區做彩繪、生態池。向高公局承租九年的荒地，志工開闢四個生態池、開心農場。前陣子菜價高漲，社區收成豐富。在地文化活動，社區每年元宵節與古蹟「龍德廟」同舉辦顧庄頭；社區保有林姓祖厝，每年春、秋兩季，保留傳統祭祖儀式。碧峰社區擁有三級古蹟與大榕樹，保護社區樹木，提供居民休息、遊憩，也是地方信仰指標。

從十三年進入社區，開始找尋年輕人回鄉當志工、總幹事，開學習課程；包含日文、陶笛、歌唱、親子繪畫等，開放活動中心供里民進行舞蹈班、表演活動，活用社群平臺，學習與傳承長輩的經驗與智慧。

面對老人問題 仍是天天演練的功課

我們的社區還有許多問題：幽靈戶、獨居、失能失智。老人關懷部分，除提供資源，照顧老年人身、心活動，每每過程中，紀錄與學習老年人經驗，保有溫情，比如過年過節，長者帶領大家在各大廟宇慶祝、傳統點心製作；我們一起做公益，周一到周六各有功課，每周二是回收日，再反饋於社區資源，互助里民。

我曾赴日考察，見日本社區系統及長照較臺灣周全非常多，沮喪回鄉的我看到社區活躍、自立自強的長輩，還為安養院表演扯鈴，雖然臺上臺下的對比顯得殘酷，但長輩能體會，儘管年邁還能活動，是件幸福的事，越來越願意外出。從一個嫁入鄉村的新娘，到愛上今日生活環境，接受現實社會挑戰，接納家的情感。雖然很辛苦，但找到信心。

講者簡介

南投縣草屯鎮碧峰社區發展協會第六至第七屆理事長、財團法人草鞋墩教育基金會執行董事、立蹟科技有限公司負責人。

部落多半偏遠，缺公共運輸、缺少醫療資源。

談原住民健康照顧　建言社區長照

陳士章

原住民族傳統領域多屬農業環境，也就地得以維持生活及保有傳統文化，但近數十年來，這些區域被政府、財團及跨國公司加以開發，必定影響原住民族原有生活情況。以往我想用法律解決原住民的問題，但若用健康角度切入，會有不一樣的發現，分布廣而分散的原住民鄉親，長照這在臺灣耳熟能詳的名詞，從健康角度分析觀察，城鄉健康程度的差距很大，分布偏遠山地的原住民據九十三年資料，山地鄉與非山地鄉的死亡率比，原住民慢性肝肺問題較大為平地的六倍之多，也就是酗酒問題，再來是結核病、耳鼻喉科、口腔等也是三倍以上，部落多半偏遠，缺公共運輸、缺少醫療資源。

也談長照制度與省思

就長照議題我也希望做些探討分析，健康長照應重新省思六面向：（一）五大族群的化約迷思：所得、行業、宗教、偏遠地區；（二）社區主義的盲點：農村、部落的空洞化；（三）制度的抉擇：財稅與保險並非光譜；（四）產業導向：健全市場結構；（五）人力短缺的補充：教育與人才加速鬆綁；（六）偏鄉機構設置障礙：國有林班地、營建署。

我國目前最大的困境在於制度抉擇，財稅與保險並非光譜。各國有歷史背景與社會型態的不同沿革，財稅制度分兩種，稅收制或社會保險制。

採稅收制國家，各種社會福利制度所需財源由國家統一稅收支應，其賦稅收入占國內生產毛額比率明顯較高。優點：（一）統由稅收課徵，行政成本低。（二）政府量力而為控制預算。缺點：（一）政府全額負擔，財務責任重。（二）稅收受景氣影響，長期財務來源不穩定。（三）部分民眾因無所得資料無法課稅，故非人人皆分擔，加稅則須面對民眾壓力。（四）預算需與其他政務競用。（五）當受預算限制，服務的多元、普及，較不易符合民眾需要，影響長照產業發展。

社會保險制以保險費為主，自負盈虧，不致因保險虧損對國家財務造成影響。優點：（一）保費隨所得成長而自動成長，有基本保費設計，財務穩定性高，專款專用。（二）財務費用由社會成員共同分擔，維持義務對等。（三）透過社會參與及公共監督，制度設計及改革易隨民眾需要微調。缺點：（一）徵收保險費，需較高行政成本，但若已有徵收體系，影響較小。（二）財源籌措制度設計較為複雜。（三）需直接收保險費，民眾繳交意願較低。

目前所面臨的難題，整合不同法規下設立的服務機構：收費及補助、人均坪數與設施配置、專業人力之差異與配比、機構成本計算。臺灣現況要過渡到長照保險還包含：宿費和膳費需自付計算、機構服務費用給付、機構服務成本、補助費多寡，應從產業導向健全市場結構，再思。

講者簡介

阿美族族名「Putal.AWang」，臺灣師範大學政治學研究所博士畢業，曾任北市原民會主委行政院國家永續發展委員會委員、臺灣原住民族人文關懷協會理事長、臺灣創業育成產銷拓展中心執行長、臺灣科技大學助理教授、國民大會代表。

偏鄉地區不只需要補助款，更需要的是人力或其他資源的整合、協助。

助花東父老　救偏鄉交通

褚志鵬

臺北市交通專業人員有一百五十多位，但東部縣政府交通管理人力，僅花蓮一位、臺東兩位，花東面積佔全臺三分之一，但管理人力非常少，城鄉在人才資源上的確不平均。

面臨急迫人口老化的地區大多坐落偏鄉，高齡者交通事故也逐漸增加。不忍聽見車禍事端，兩位老人家加起來已超過一百八十歲，臺灣高齡人口約百分之十二，但「交通事故造成死亡」事故，高齡者超過百分之二十五至三十，高齡反應比年輕人慢，傷亡率是年輕人的三倍。

如果改善偏鄉地區的交通問題，是否就能減少老年人交通事故的機率及改善就醫方便性。農村是優游自在的田野，還是一個缺乏無障礙設施、對高齡者不友善的地方？目前我們提出一個示範計畫「花蓮縣村里銀髮智慧大眾運輸試辦計畫」，希望維護銀髮族「行」的需求與安全保障，提供滿足生活功能的適時服務，減少低效率、低安全運輸行為，活化大眾運輸系統效益，期盼為村里社區活動增值。

花東運輸補助急需中央人力支援的整合

自主式的大眾運輸系統，每村里銀髮人口一百至七百位，以三成的需求估計，每日每村里有三十至兩百人次的就醫或移動需求，十個村里就有三百至兩千旅次。自主式的大眾運輸系統有別於傳統，依照派遣需求以第三方（村里長、活動中心組幹事）利用派遣機制為長輩派車，同時大數據分析掌握村里銀髮族行動需求偏好。

反應式運輸服務（DRTS）的新方案，花蓮縣玉里鎮預計明年元旦啟動，將由皇冠車隊的管理平臺來運作，計程車隊以定班、定點、彈性預約方式取代公車。臺東縣府觀光旅遊處也爭取公路總局明年度經費，將試辦延平鄉紅葉部落「需求反應式運輸服務專案」。

偏鄉地區不僅只需要補助款，更需要的是人力或其他資源的整合、協助。綜合以上，建議應立即改善：（一）降低偏鄉地區高齡者自行開車的車禍事件。（二）補強大眾運輸系統，節省候車乘車時間，以提高高齡者行動便利。（三）跨專業整合：⑴與醫院合作，透過醫療系統協助銀髮族。⑵從公共運輸到類公共運輸，甚至到公營運輸。（四）偏鄉交通運輸是政府、業者與居民長期重視及待解決的課題。

講者簡介

美國史丹福大學工程經濟與作業研究博士。專長為管理經濟、網路經濟與策略、運輸經濟與管理策略、數量方法於企業上之應用、決策模式與應用等。現任東華大學運籌管理研究所教授兼任東部區域運輸發展研究中心主任。

打造多者共榮的公民社會，靠三造（社會改造、社區營造、社群營造）四助（他助、自助、助他、互助）。

智慧韌性農村社區　需三造四助

李永展

臺灣農業勞動以兼業為主，企業與農民夥伴關係薄弱，消費者與生產者間資訊不對等。目前全球農業產銷講究效率、彈性因應貿易自由化、全球化電子商務模式推陳出新；臺灣則是新世代農民開始推動小規模產銷策略聯盟，但小農產銷能力有限、供貨不穩。

農業政策需增加企業誘因

目前農業政策調整分為三類「農村再生」、「智慧社區」、「農業４．０」。農村再生基金應落實在產業與社區發展，這部分則要增加對企業的誘因，進而減少政府相關支出。農村自主發展應朝訂定社區公約、無償提供土地、環境自行維護、弱勢關懷、文化傳承、保護自然生態等目標落實，創造價值。接下來談到產業鏈、產業整合，進行品牌打造才可以永續發展，背後要整合行銷、經營培力、塑造特色。把社區文化、理念和價值信仰通過一定符號表現出來，透過品牌打造，創立獨特性。

保有優良農地　打造韌性社區

簡言建議，環境面向，除了節能減碳減緩手法外（例如使用低碳或無碳交通工具、使用綠色能源），也應重視調適策略，例如避開環境敏感地區的社區開發；高山社區植樹；坡地社區做水土保持；平地社區興建生態草溝、滯洪池、公園綠地；農地社區保護優良農地，避免轉為非農業使用等。

社會面向，韌性社區須因應少子高齡化的新人口結構及新住民世代。都市社區鼓勵興建公共住宅，解決青年移居、宜居問題；透過青銀合創及青銀共榮，將青年及銀髮族結合在一起；透過公托及日照同時照顧祖孫人口群；將新住民包容進來的策略也應儘速推動。

經濟面向，如何從社區產業及多角化經營切入，讓社區成為友善生產、自主運作的經濟共同體。而因為無車人的落實，便可透過「街道即社區」，形成多元的商家群落，進而扶植社會企業，建構文化經濟（如，社區集資、社區農場、社區廚房等）。

智慧面向，資通訊可幫助減少不必要的交通旅次，例如避開交通擁擠路段，不只可減少交通時間，也可減少碳排放。而及時的資通訊也可避免不必要的災害，例如避開土石流警戒區。

打造多者共榮的公民社會，靠的是三造（社會改造、社區營造、社群營造）四助（他助、自助、助他、互助）。目前臺灣與全球都面臨環境變遷帶來的多重壓力，需要找出策略，提高韌性，才能降低災害風險。從社會韌性及環境韌性角度建構智慧且韌性的農村社區。

政府經費應花在刀口上，地方衛生所、衛生室在醫療與預防健保應責無旁貸。

盤點統合需心力 配置資源要有效

吳肖琪

過去二十年在偏鄉服務有餘力時，都將心力放在推行長照，十五年前支持《長照服務法》，以往長照資源分散在各處，資源配置前應盤點並統合，才能發揮最大效益。先前建立長照服務網，過程中發現每個縣市都有照管中心，但中心人力有限，無法顧及偏鄉，可說偏鄉地區沒有長照。

來到三地門，屏東縣政府想幫忙但卻幫不上，他們不了解個案，衛生所不幫忙因不曉得長照的重要，三十年前只知道家庭計畫，三十年後不曉得長照計畫。我請衛生所把個案找出，接著訓練十位照輔員，長照將會是一個專業產業。當中發現些問題，如山地房子不合法、具有農漁民身分的人，擔任照輔員需勞保，則有原來身分、權益喪失問題，這兩部分要正視。

農村主要健康問題在於（一）老人身體機能退化；（二）獨居人口多，造成憂鬱與自殺風險；（三）肥胖人口多，來自飲食習慣、運動量少；（四）慢性病健康識能與疾病照認知不足；（五）癌症篩檢率低，因為認知不足、篩檢時間無法配合；（六）就醫不便，因為醫療資源不足；（七）長照資源較不足（送餐、居家照顧、居家護理、接送）。

經費花在刀口上 地方衛生所要能負責

政府經費應花在刀口上，地方衛生所、衛生室在醫療與預防健保應責無旁貸。各偏鄉衛生所應改善無障礙空間；建築設備符合通用設計、強化各科醫療與復健功能、強化照護高齡者與失能者的能力、具有老人流感接種與防疫功能。

策略方面初段預防：（一）建構守望相助、加強長者身心關懷、（二）鼓勵共餐與志工送餐服務、（三）減少肥胖，可以從觀念、健康步道、（四）強化健康識能。中段預防：（一）強化醫療與急診後送功能、（二）提升糖尿病、高血壓與慢性腎衰竭之照護品質、（三）慢籤宅配通、居家醫療、結核天使團隊。末段預防：（一）長期照護服務的提供、（二）可近性高的復健與輔具租借。

活躍老化關切的是「食、衣、住、行、育、樂、醫療以及財務和科技結合」。在偏鄉地區，守望相助與健康促進重要的是心力投入。

講者簡介

臺灣大學公共衛生學研究所博士，現任國立陽明大學衛生福利研究所專任教授、臺灣公共衛生學會理事長。專長為醫療照護政策、長期照護政策、醫療品質、健康服務研究、生物統計等。

振興農村經濟力，今日中央缺乏
在地經濟政策。

農村老化嚴峻 超高齡社會：田園將蕪胡不歸

蘇煥智

臺灣農村老化程度已達超高齡社會，首先我要提出，衰老將造成的困境及起因：（一）農民老化寧可休耕，但年輕農民不易取得土地；（二）農地細分，不符經濟規模效益；（三）休耕泛濫一年曾達二十萬公頃／一百億元；（四）小地主大佃農制，仍過度依賴政府補貼；（五）農會組織政治化，而喪失產業專業領導功能。

如何促成農村農業結構年輕化？臺灣有老農津貼，卻沒有老農退休制度，如何建立老年農民離農退休制度是燃眉之急。民國八十八年我在立法院提出「老年農民離農退休條例」，未來應成立農地庫（農地銀行），方便年輕專業農民取得耕作農地、改造農會，成為專業農民團體，而非淪為地方政治手段；恢復股金制，成為社會企業事業體，重新活化農村專業領導力。振興農村經濟力，今日中央缺乏在地經濟政策，當年曹縣長與我齊推動一鄉一特產，如芒果外銷日本策略，參與的六個鄉鎮到目前都有明顯的年輕人回鄉情況。

選舉制度必探討待重建

現狀的選舉制度導致民選民代及公職人員，朝向個人服務導向、婚喪喜慶綁樁式服務，缺乏整體區域發展、區域經濟推動作為，制度也導致選舉成本愈來愈高。具體改革措施：（一）推動直轄市區自治，並採取委員會制或內閣制。（二）打破臺灣地方選舉黑金區，自治選舉採取全政黨比例，以多數黨為執政（未來擴充至一般鄉鎮市自治選舉）。（三）開放縣市級地方政黨。（四）市縣議會議員，一半採不分區政黨比例產生。

強化社區關懷據點　活躍老年社會

整備農村環境，重現田園城市願景，就在地老化發展來看，建構實質在地照顧支持網絡是課題，以村里來看，面對在地老化發展應首推「社區照顧關懷據點」。「照顧社區化」的平臺需規劃，目前仍是混亂，「醫療、長照、社區服務各自為政」，稀釋了「社區照顧關懷據點」卻另外設「巷弄長照站」，也混沌不清，鄉鎮公所連衞生所都被跳過，第一線地方自治體為缺乏長照服務管理角色，規劃者並無由上而下執行的規劃思維，基層的村里辦公室、社區發展協會，沒有由下而上的組織聯結的認識。

社區化村里關懷中心，除了作為村里社區預防保健、電話問安、關懷訪視、共餐及送餐、體適能等功能，預防重於治療，幫助長者維持健康，減少入住機構時數，大幅降低社會照顧成本。可再擴充以下機能：（一）村里社區長照平臺作為落實在地健康老化的平臺，提供老幼日托、共餐食堂、送餐服務，及短時間照顧服務。（二）村里的終身學習平臺，把長照政策躍升為終身學習運動。（三）健康、健身、復健、休閒活動的教育平臺。社區營造中心，包含社區環境維護、綠美化、社區文化、社區產業營造。可使老人對社會、社區有貢獻，田園城市的願景發揚，振興在地產業，傳承家的精神。

不論是農村、農業、農民，其實
都是系統性問題，非常複雜。但
可行的政策就要嘗試。

活絡產業　調整政策　農村回春　青農回鄉

曹啟鴻

活絡產業乃農委會職責，產業活絡才能創造機會，過去農業政策需調整：（一）產業結構要改變，從WTO開始調整，希望調整休耕次數，保價收購經費也要減少，並找尋年輕人合適的地方、方式，培養農業人才，並協助後續採收、整理、倉儲系統。（二）選出競爭力產品：挑選四季可生產的農產品，鼓勵內外銷，例如芒果、芭樂，發展一鄉一特產，並持續延伸、串聯。（三）社區總體營造被窄化：農村再生被誤用在農村硬體設備的改善，例如改馬路、建水溝，經費應用於提升產業競爭力。

要步步到位一項項來

產業發展需集思廣益，農再辦公室要善用，過往農再經費被用於硬體設備，已違背初衷。現今使用農再改善生活環境品質，是跳過縣政府與鄉鎮的，造成空洞化，這種方式導致許多議題被忽略，應進行討論。而保價收購希望能降低一半價格。今年有個牛刀小試，不保價，農民靠種出好的農產品賣好價格，最後省下的經費挪用其他事情，後續工作才能陸續推展。產業活絡要一項一項來，例如養豬業，年輕人不無全心投入，這時應趁機推動沼氣發電，以減少臭味及改造養殖環境，以科技化方式養殖，提高育成率，如此才能提高年輕人意願，甚至與國外接軌，減少碳足跡視為社會貢獻，未來討論碳匯交易，增加額外收入。

農村老化需衛福部大力支持

農村整備問題涉及到衛福部、內政部、農委會。今年農委會的目標是達到有機農業、友善農業一萬公頃。

有機農業部分，產銷履歷、有機農業的標章建立也是逐步前進，將朝向有機農業一個標章、TAP、CAS統合。最後還是希望增加年輕農民從業率，呼籲鼓勵農再申請，儘管個人可能不需要資源，但申請之後，妥善運用經費，就會帶來好的周邊效應。

不論是農村、農業、農民，其實都是系統性問題，非常複雜。但重要的是可行的政策要嘗試，先前在屏東，明顯感受到老化問題。我希望社區發展協會扮演重要角色，以往在地方增加駐點需要志工，曾以「孝順」為重，社區關懷據點一直辦理送餐、共餐等活動。但長期執行下來，部分熱情難免衰退，背後隱憂是農地荒廢、人口老化，從「漂鳥計畫」到「雁南飛」，當時有四十多位留鄉年輕人。而今臺灣十年內將有十一萬農民退場，未來社區關懷據點應做好準備，以衛服部責任最重最大。

傾聽、培育小農 爭取三萬青年回鄉

然而十一萬農民退場，應有多少青農回鄉？他們需要什麼誘因與資源？這部分農委會努力整理可使用用地，並釋放可耕地，當中以臺南縣與花東可耕地最多。農民有農地才能生存。但永續生存不容易，尤其小農，土地乘載力、農藥使用、環境保護、健康的維持都需考慮。年輕農民觀念相對先進，所以我們重青農的經驗分享，釐清用什麼樣的方法維持收益並達到環境友善目的。未來應促進青農貸款便利性，目前農業金融六成經費用於土地買賣及建築，這部分應調整成優先提供青農貸款。例如颱風來，要準備設施因應，一公頃若最高需一千一百萬成本，政府補助五百五十萬，另外一半還是要貸款，是否可接洽農產品進出口企業，幫忙支出三年貸款利息，目前在接洽中，初步有好的回應。

年輕人朝現代化方式耕作或有機農業，需要外部資源支持，臺灣面積小，若能做到，也會成為全球標竿。

推力拉力並行，十年內十一萬農民退場，青農應至少要有三萬人力，並保證五萬二的就業指標。誘因不能只是金錢，對土地友善就是對地球貢獻，這個價值是無形且珍貴的，應該受到社會大眾尊敬。就像濕木炭的概念，濕木炭保水、保田又防止病害，不用化學肥料就可以長得好，臺灣已有利用濕木炭進行紅藜種植的成功案例。小農能夠做到，這是很高的無形價值。農村要活絡，若社區都是長輩，社區會缺少活力，青年回鄉扮演重要角色，政府應保障青農受益，提高其在社會的價值，責無旁貸。

講者簡介

早年曾擔任屏東縣立林邊國中教務主任。曾任第十五、十六任屏東縣縣長、立法委員、臺灣省議員、農委會主委，屏東縣長任內成功治理屏東市都會型河川「萬年溪」，運用人工濕地等生態工法淨化萬年溪水質，並爭取中央補助經費進行沿岸綠美化，使萬年溪不再被稱為萬年臭。二〇一六年六月八日兼任國家年金改革委員會委員。

篇九、檢視高齡社會 再造宜居家園

俞紀忠文教基金會
Yu Chi-Chung Cultural & Educational Foundation
財源應從哪來，是各國非常煩惱的問題。大部分國家採用稅收，少數國家用保險，各有風險。

面對年金改革 步入老化少子化

林萬億

高齡化到來的衝擊

人口老化議題大家都熟悉，一九九三年我國老年人口占總人口比率超過七％，進入高齡化社會，二〇一八將超過一四％，進入高齡社會，二〇二六年將超過二〇％，邁入超高齡社會。真正擔心的是二〇二六至二〇六〇年，老年人口可能將近四〇％。

韓、日、臺是老化問題最嚴峻的三國，未來人口數因生育率持續低迷，將下降更快，人口加速老化，扶老比也跟著上升。「進入超高齡社會」加上臺灣生育率低，老人生活將更孤寂，少子化帶來經濟結構改變，人的健康條件提升、預期壽命延長、家庭結構萎縮，長照制度更顯重要。

人口老化將影響人類生活各個面向，包括：健康照護、社會照顧、社會參與、教育、經濟安全、就業、居住及交通等。其中健康照顧、社會照顧、經濟安全是三大迫切議題。例如，現大多公寓沒有電梯；透天厝看似氣派有門面，到了年長時，上下樓層就非常不便，應設計高齡友善終生住宅，不單單往外部擴張地基，求建築建物大，而要從內部設計開始改造。又如，偏鄉缺乏固定班次客運，路上無友善高齡社會動線，常使長輩生病時，需自行騎車、開車至醫院。高齡教育方面在二〇〇五至二〇〇六年通過了高齡教育白皮書，樂齡學堂目前已普及，打造活到老學到老的終生學習。

二〇〇七年行政院核定「長期照顧十年計畫」，二〇一六年推動「長照十年計畫2·0」，長照不只針對老人，而是老人中的失能者，提供需要協助的人（因身體或心智失能）多元性、持續性健康及社會服務。戶口及住宅普查資料顯示，我國老人需長期照顧者為三萬七百九十人，換算老人需長期照顧率推估為一二·七％。

服務對象人數預估自五十一萬一千餘人增至七十三萬八千餘人，成長四十四％。

現有長照計劃的投入與說明

長照計畫宗旨是讓長照普及，重現在地老化，從家庭到社區、機構，有完善整合系統，前端預防和後端臨終安寧照顧需結合，為了落實推動，我們做了改變：擴大人口群（五十歲以上失智症患者、五十五—六十四歲失能平地原住民、四十九歲以下失能身心障礙者、六十五歲以上衰弱老人）；服務項目自八項擴增至十七項；建立一套有系統、有網絡的A—B—C模式，C級巷弄長照站（長照柑仔店）就近提供社會參與及社區活動之場域，使用現有社區關懷據點，以及農會、學校、教會、廟宇等閒置空間，B級複合型服務中心（長照專賣店），除提供既有之長照服務項目外，也擴充功能提供日間托老服務或其他類型的居家式、社區式長照服務，在更大範圍內，由A級社區整合型服務中心（長照旗艦店）作整合。

長照經費來源是主要問題，二〇一七年政府編列一七七億，目標建立以社區為基礎的長期照顧服務體系，連結從家庭、社區到機構照顧的服務，確立稅收為財源。過去訓練十萬多人居家服務員，真正投入職場的不到一萬人，如何保障專業人力的薪水及勞動條件，提升成就感及工作尊嚴，在地就業也是需考量的議題。

複雜、多頭的國民年金負荷

目前年金制度複雜，共十三種制度設計：公教人員先有退休金制度，後有保險年金制度；軍、勞工先有保險一次給付制度，後有退休金制度；家庭主婦加入國民年金；農民則是社會津貼制度。若以給付型態及制度設計來區分，也有六種型態區分。年金制度的內涵及缺失需要讓國民認知，宣導屬低成本的社會教育，人與制度的關係不可分離，否則將推動不易。

政府財政負荷沉重，二〇一五年度政府編列三一〇八億元，包含中央一六九八億元、地方一四一〇億元，當中軍公教保險三〇一億元、軍公教退休金二八〇七億元、優惠存款利息補貼七七八億（相當於宜蘭、花蓮、新竹、苗栗四縣一年的總預算），國家資源分配及調控需再重新規劃。

過去的潛藏債務，主計處更名為「應付未付給付」，目前累積嚴重、瀕臨破產危機，低費率、高給付造成債臺高築，以勞保基金來說，現行費率是九％，明年提升到九．五％，但精算最適費率是二七．三％，法定上限費率是一三％，都不足以支付，到二〇一七年時，就會首次出現收支不足現象，軍職人員退撫基金至二〇一九年就會出現累積餘額虧損，接著是教育人員、公務人員退撫基金將面臨同樣問題。

職業不同保費（或提撥）分擔差距大，每種制度設計都有自己的考量，給付水準爭議最大，有些人退休時能領到大筆退休金及老年給付，有些人相對少許多，給付水準反映在所得替代率，給付所得替代率偏高。簡而言之，總所得替代率（社會保險加強制性職業退休金），公務員及教育人員所得替代率年資二十五至三十五年還是維持在七五至九五％間，但以本俸二倍計算將近一一〇％，勞工部分，所得替代率約為六〇至七〇％，私校教育人員與勞工約略相同。國際上所得替代率，經濟合作暨發展組織（OECD）三十四個國家人民退休後所得替代率平均五二．七％，所得低的國家會給高的所得替代率，反之給低所得替代率，我們用高的退休給付拉低國家競爭力，這是不好的策略。我國年金制度一定要改革，否則會撐不下去。

社會保險與退休年齡的再思維

請領年齡太早亦是大問題，半個世紀來，國人平均餘命已增加近二十歲，且繼續長壽中。公務人員採年資加年齡的八五制、教育人員七五制、勞退新制六十歲、勞工保險一〇七年調高到六十一歲（一一五年調高到六十五歲）、國民年金六十五歲、老農津貼六十五歲。社會保險與退休金制度中，有關退休年齡的規定，公保為五十五歲，軍人可能更早退休。實際上，目前平均公務人員的退休年齡是五十五歲，教育人員是五十四歲，軍職人員更僅僅四十四歲。

接下來的年金改革計畫，改革委員會將收集年金改革相關資訊、意見及各國年金改革經驗，針對各種年金改革意見進行專業評估，作為一個民主參與的平臺，讓各職業別代表有機會表達意見，提出年金改革的備選方案，籌備年金國是會議。希望能拉近給付水準，促進社會團結共好，世代互助互惠，實現代間公平正義，保障弱勢權益，維護老人經濟安全，健全財務規劃，俾利制度永續發展。

國力老化不可忽略，若無前端健康方案或活動，後端負擔一定很重。用「不健康稅」作為機制，或從教育到公共衛生著手都是必要的。民間力量已有很多，長照一千五百家機構中只有十七家是政府的，政府沒有壟斷，只是提供一個基本規則，大家希望營利事業進駐，這個要謹慎小心。

財源應從哪來，是各國非常煩惱的問題。大部分國家採用稅收，少數國家用保險，各有風險，國內也做過非常多討論與研究，但不可迴避，沒有服務系統什麼都免談，現在是幫未來的人打基礎，就像一九九四年推出全民健康保險，絕非突然冒出來，前面奠定許多基礎，但今天長照體系，從早期機構式照護到後來有限的服務，一九八六年才開始居家服務，一九九三年有外籍看護工，基礎仍太薄弱，請大家不要急著讓營利部門進來，而要務實地把公共衛生與健康服務系統推動，才有機會創造健全未來。

講者簡介

社會工作學者，二〇一六年就任行政院政務委員迄今，同年亦出掌中華民國國家年金改革委員會首任副召集人兼執行長及民主進步黨勞動政策小組召集人。於二〇一二年總統大選為蔡英文團隊起草《十年政綱》的「教育篇」。畢業於臺大、取得美國柏克萊加州大學社會福利博士，曾任臺大社會系系主任、臺北縣副縣長等職。

因應高齡社會，大都會人口不應再成長，公共建設應以二級城市、三級鄉鎮為重心。

城鄉空間結構　應生活方式調整

曾旭正

從最近幾項趨勢課題，察覺人類社會已走入新階段，包括氣候變遷、高齡化社會、資通訊科技躍進以及對全球化經驗的反彈等，都是前所未有課題。人類必須共同摸索解決之道，其過程與結果勢必帶出新的制度、手段和生活方式，進而，城鄉的空間結構也會因著有所改變。

臺灣面對高齡化，不是個人或是家庭的責任，需要社區、社會共同面對以及相互合作。生育率下降造成人口減少，勞動人口下降，嚴重衝擊經濟生產力，也對城鄉空間結構產生影響。根據國發會的人口推估，三十年後（二〇四六年），臺灣人口總數將為二千零九十五萬人，較今日（二千三百五十萬）少二百六十萬人，相當八十至八十五萬戶。目前二千三百五十萬人口約八百萬戶，有七成人口住在六都，三成在六都之外。但六都之外地區的高齡人口比例明顯高於六都，加上城鄉遷移的因素，可以粗估未來減少的八十萬戶有近五十萬戶是在六都之外，占其現有戶數的二〇%；六都減少三十萬戶則只占現有戶數的六%。如果沒有政策的引導，快速瘦身的鄉鎮村落將是下一階段的問題。

投資基礎建設　取代大建設

面對上述課題，未來城鄉發展的重要策略應該是：用基礎建設取代大建設，藉投資市鎮來引導人口流動。農村人力不足，都市老舊公寓不適合養老，這些問題都需要檢討，二次大戰之後，臺灣快速工業化、都市化，這一批建築過了半世紀，已不適合現代社會，如何改造住宅是新政府需傷腦筋的。長照制度僅是一部分，城鄉課題也應納入考量。

國發會這一年會做幾個大型趨勢研究：科技生活、氣候變遷、未來生活型態等等。未來就整個人口居住區來看，分成三類：北中南都會區、二級城市、鄉鎮，鄉鎮之外的偏遠村落可能將來會慢慢消失，需要引導他們進入鄉鎮或二級城市，提供公共服務及防災系統。

發展區域中心 良好生活市鎮

因應高齡社會，大都會人口不應再成長，公共建設應以二級城市、三級鄉鎮為重心，加強其就業與公共服務，使發展為區域中心。基礎建設如下水污水道、污水處理廠、共同管溝、人行道、文化設施、社服設施、交通系統、學校等逐漸齊備，使成為良好的生活市鎮。在城鎮堅實化的同時，適時接納人口漸稀的周圍村落，並在市鎮與外圍的農業區規劃綠地作隔離，限制市鎮任意向外擴張。

要實現這樣的空間結構調整，除了公共建設方向及制度需改變外，我們最欠缺的是土地調整工具，政府主動建立土地儲備制度並得以和民間交換土地，如此才能兼顧人民權益與公共價值。人到哪，力量才會跟到哪，返鄉人口回流是必要的，這與農委會、社福產業都有關係，顯然我們還有很大的努力空間。

建立「自助」機制，個人投資、儲蓄、公保很重要。「自助」結合商業模式後，政府的負擔才得以減輕。

扶老攜幼 善用既有資源

邱淑媞

臺灣要善用資源，建立「自助」機制，個人盤點既有資源也要知曉，不只是繫在政府，個人投資、儲蓄、公保同等重要。「自助」結合商業模式後，政府的負擔才得以減輕。

當前人口四大危機：（一）長者需求急遽增加；（二）退多、進少，生產力減退；（三）總人口持平進而下降、長者多導致總消費力消退，高齡化及少子化問題要同步處理；（四）鼓勵生育黃金時間只剩五至十年。國家財政趨緊，政府會比過去更沒有錢，年輕人負擔沉重，對年輕人加稅與錢坑式法案變困難；撒錢政策開始引起反感。

善用健康紅利 自助互助人助

應建立健康紅利，使人健康來賺錢，花錢健康能繼續賺錢，形成善循環消費，我認為販賣「健康」是合適的，但醫療系統及末端長照服務不能過度商業化，否則會使一般民眾無法負擔。提升健康生產力，延長工作年數，同時也能創造相容友善的職場與就業環境，使中高齡、女性、弱勢者（身心障礙、低社經階層、失業者）重返職場。

老人的需求就是年輕人的機會，如果要使人健康，身心問題是最主要的，代謝心血管疾患、慢性呼吸道問題、視力、聽力問題、肌肉骨骼系統、事故傷害等等都包含在內，醫療與長照必須做好運動、飲食（與口腔健康）、肥胖、菸、酒等管理，慢性病控制，心理健康、憂鬱症及事故傷害預防。

環境因素：高齡友善城市八大面向，包含交通運輸、住宅、社會參與、敬老與社會融入、公民參與和工作、通訊與資訊、社區支持及健康服務、公共空間與建築等等，都可以帶動投資跟內需。讓長輩有功用能力，能行動、建立及維繫關係、滿足基本學習，在尚未嚴重失能時，可以有商業模式進入，如共餐活動。以既有八大面向所發展之資源、服務與活動，建立ＩＣＴ智慧健康城市。

接著討論經濟發展與健康問題，如何透過「健康」賺錢，使社會重視這無形的資產，而政府也需有效治理城市軟硬體及專業人力動員，未來怎麼善用經費，趁健康的時候，讓民眾肯將退休金拿出來投資健康，而不是年邁不健康了再來花錢買照護。透過自助（自我識能提昇＋行為＋消費）、互助（不完全仰賴商業模式）、人助（社會福利或公辦保險），把政府支出，由負擔變成投資，善用既有資源，透過資源盤點、活化與共用、價值最大化並顧及世代平衡，兩端同時納入考量及照顧。

活化健康產業、銀色經濟　鼓勵民間投入

政府應帶動健康產業與銀色經濟，創造誘因，以休閒旅遊為例，內銷外銷皆宜；鼓勵高齡就業、鼓勵退休族國內消費；二〇一七是「全球永續旅遊年」應搭便車做國際行銷，可發展農村文化再生及生態旅遊，投資基礎建設，結合青年創意與創業。如何鼓勵國內旅遊，可把各種福利轉變成動態投資，投資於內需市場與健康產出，縮減退休給予的過程保留彈性，政府可將經費轉為個人長照或退休儲蓄。

健康促進部分不限於長照２.０，而是包括民間部分。「有效治理」強化對不健康商品（例如菸、酒、糖）的立法、管制與稅捐，將不健康飲食課稅捐，拿來做有意義的事，這是未來公認一定會實行的，以糖為例，墨西哥第一個實行，英國、愛沙尼亞也跟進。

有關長照財政部分，到底政府和民間負擔比例是多少，這需要深入討論。失能有不同程度，哪部分應由政

府扛起來，哪部分可由民間競爭，需要深思。人群健康與經濟發展及地球健康密不可分。健康安全的威脅與商業力量日升、健康不平等，皆需全球性集體行動。須改善女性、移民、環境受害者等之處境。有賴好的治理、城市與社區的地方行動、健康識能及創新。

年金改革上，我認為最大限制條件是政治，許多國外案例都是等到破產之後，才來改變制度，當然我們不希望臺灣走到這一步。

退撫基金財務窘境非一日造成

朱雲鵬

多年追蹤面對　政策回應力道不足

臺灣退撫基金財務窘境非一日造成，太多年追蹤、面對，政策回應力道終是不足。可以想像林政委壓力極大，但見過去幾十年的努力，相信學以致用，至少盡力了，仍會獲得成就感。長照未來需求將呈現爆炸性成長，財源一定是不夠的，透過長照保險制並非不行，但也怕爭議大，民眾到時抗拒將錢繳交給政府，擔心未來拿不回來。此時可以思考，如何發展民間的市場經濟力量；下次開長照會時，應請金管會列席，保險業的利益跟政府長照政策、被保險人利益、保險業自身利益，都是一致的，政府最有機會用政策來委請或鼓勵這四十萬的第一線保險從業人員，使這批大軍投入健康維護、健康促進服務；目前為止缺乏政策，這些第一線的保險人員無處伸展，甚至擔憂未來。

保險、稅收分工　就業、職場轉軌

著名會計師事務所勤業（Deloitte）總公司前陣子出過一份報告，預測未來保險業的從業員，會是長期照顧及健康維護的最重要環節，保險人員慢慢會被網路取代，因此轉為健康服務，沒事就串串門子，與長輩談心，雖然目的是推銷保險，但老人越健康、越晚理賠，對保險業是好的，可惜機制並沒充分發揮。

前陣子剛卸任的金管會主委丁克華，看到寶可夢風潮，提出一個想法，為什麼不能設計外溢型保險呢？滿足一定健康生活習慣或是運動，第二年就降保費，這對大家都有利，在資源有限，且未來需求越來越大時，政府應善用民間力量，只需修改規則，不一定要花到錢。

再舉一個例子，保險公司是營利事業，不能經營社會福利，現在保險公司有推長照保單，但真正名稱應該叫作失能給付保單，滿足一定條件時，每個月給付多少錢，若保險業可以與社會福利機構、醫療院所、學校合作，以後就能推出真正的長照保單，社會上若老人普遍都擁有長照保單，政府壓力也同時降低。

剛談到稅收，目前作法是增加遺產稅及菸捐，環顧商業飲食越來越不健康，年輕人普遍喜好炸物、燒烤，未來可能都是被照顧對象，國外有考慮要對含糖飲料課稅，使用賦稅政策，作為因應肥胖、糖尿病及蛀牙的辦法。以前寶特瓶滿地，後來執行回收政策，寶特瓶如高速列車般進入回收場，可見「稅」能使鬼推磨。

年金改革上，我認為最大限制條件是政治，許多國外案例都是等到破產之後，才來改變制度，當然我們不希望臺灣走到這一步。需要全盤規劃，把未來嚴重性講清楚，整理數據資料找出平衡方案；每個群體都有抱怨跟苦處，應多多溝通，聽取意見。

重建社會信任　理性經濟路徑

如何重新建立社會信任，這裡提出五點建議：第一，利用全球化推動人類社會而非僅僅企業與生產的全球化，不應該只是經濟、金融、生產面向，還可以是人文關懷議題。第二，NGO應當重振旗鼓，積極加入社會分工；第三，對於推動促進和平的機構和組織，社會應大力支持；第四，民主制度須深化到社會每一個角落與組織團體，由下而上建立優質民主化的環境；第五，應當設法讓家庭生活與社區生活更臻完美，恢復家庭功能，成為社會安定的核心力量。

臺灣應當走自由開放、與國際銜接的經濟路徑，必須是世界分工體系的一部分。全球化下「臺灣企業的競爭力」與「臺灣的競爭力」本來應當是相等的概念，不樂見因政治因素，碰到兩岸政策即無法理性討論，最終竟然脫節。宏觀、包容與分享，是臺灣社會現階段最需努力的方向，沒有宏觀，將流於狹窄和封閉；沒有包容，就造成族群對立；沒有分享，將導致社會歧異，均非臺灣之福。

講者簡介

經濟學者與政治人物，現任國立中央大學經濟系教授、臺北醫學大學經濟學講座教授、臺灣大學經濟系兼任教授。美國馬里蘭大學經濟學博士。二〇〇八年任行政院政務委員，也曾任行政院公平交易委員會委員、景文技術學院校長、中央研究院中山人文社會科學研究所所長、中央大學臺灣經濟發展研究中心主任、中央大學產業經濟研究所教授、財團法人消費者文教基金會副祕書長等。

將長照體系分級管理，適當引入市場機制，將可望減輕政府財政負擔。

引進市場機制 進入長照體系

龔則立

從保險制變稅收制，兩者最大差異是錢變少了，照顧對象因錢變少，對象鎖定最底層，或最急需服務的，但政委提到服務人群還要擴大，遺贈稅從一〇％變到二〇％，這個數字是達的到的，相對來說有一群人會受不到政府照顧，而政府較無需照顧的是有錢人，是否能把這些人推給市場，讓他們選擇花更多錢，到高檔醫療照顧機構，有無這樣的市場目前不清楚，但未必不是一條新的路。

引進市場機制進入長照體系：嚴格設立標準，讓長照機構營運成本大增，卻無法反映在收費上，大部分長照機構只得透過增加床數、提高照護人力的照顧單位、降低採購費用等措施來節約成本，長照品質也受到考驗。若將長照體系分級管理，適當引入市場機制，將可望減輕政府財政負擔，政府更可以集中資源照顧最需要的族群，並達到創造就業、促進階層流動目的。

鬆綁長照服務機構分級

長照服務機構分級，鬆綁設立以營利為目的之長照機構：讓願意自行付費的長者，選擇適合的長照機構，政府則集中資源在需要由政府提供照顧的長者上。不僅可減輕政府負擔，避免龐大長照經費拖垮政府財政，更可因市場機制帶動臺灣的長照產業，擴大內需市場，未來更可輸出臺灣的長照服務產業。

創造就業機會與稅收，開放長照機構營利事業化，相關機構可規劃合適的薪酬制度，吸引年輕人力或二次就業人力加入照護產業。政府可從照護營利機構收取稅收，充實國庫，或從這些稅收回饋到弱勢長者的照護體系。舉例來說，現在的照顧機構分為社團法人和財團法人，財團法人一定是非營利性質，社團法人也屬公益性質，與公司法中營利性質財團法人不同，但若能稍微改變規範，讓營利性質社團法人也能進入長照體系，賺錢後繳稅，當中的服務人員也繳綜所稅，政府財源就會增加。開放長照機構營利事業化，也能促進社會階層流動，如果有營利為目的之長照機構，讓經濟環境較好的長者，願意在人生最後階段把積蓄花在自己身上，不僅可在人生最後旅程上享受一輩子辛苦的果實，也提供長期照顧工作者就業機會，達到社會財富重分配。

若擔心市場營運易倒閉，可用額外監管方式來加強管理，將來還可引進資本市場力量投資，公開透明財報，稅收也就有穩定來源，另外拋出一個問題，醫院能否使用商業模式經營，許多國家都有醫院ＩＰＯ，臺灣似乎還未達到成熟條件，但若能先有一些試點先行，我認為高端長照體系是可以嘗試的第一點，再逐步考量到其他體系的改變。

細數銀髮時代預防、治療及照護的產業機會

由於少子化與老齡人口比例增加，銀髮族群的生活及醫療保健需求逐漸受到各國重視。銀髮時代下的生技醫療產業，可分別從預防、治療及照護三大層面來看。（一）整合各項科技達到預防需求：基於早期預防將可達到合理運用醫療資源的目的，並節省後續照護成本，因此日本政府開始倡導預防保健的重要性。考慮目前銀髮族群在慢性病的預防及照護需求，目前生醫廠商結合穿戴式裝置，監測客戶的生理狀況，也透過數據蒐集與分析，為客戶量身打造合適的飲食及運動菜單。這類的業務預計將隨著銀髮族的預防保健需求增加，以及未來異業資源整合而有龐大的發展前景。（二）開發更具效率的治療方式：隨著生物技術快速發展，包含藥廠及醫療器材廠在內的生醫業者也投入開發更有效率的治療方式。如近期引發各項關注的精準醫學及免疫療法等等，便是應用創新技術提高用藥及治療效果的例子。（三）轉向以病人為主的照護模式：過去醫療照護機構以專業化服務為主，缺乏整合性的照護系統；隨著以病人為主的照護服務概念興起，照護模式轉向以疾病為中心，結合跨專業、跨科別、甚至跨單位元的團隊合作模式，尤其隨著銀髮族群身體狀況的老化，疾病的治療及後續照護方式漸趨複雜，一個結合醫療、護理、營養及社工等的專業團隊也將提供更全面的服務。

綜上所述，日漸成長的銀髮族群健康照護需求是生技醫療產業主要滿足的對象，在未來的銀髮時代當中是不可或缺的一環。尤其科技整合及跨專業的團隊合作模式已成為生技醫療產業投入銀髮商機中的核心趨勢，各種商業模式也應運而生，將可望提供未來銀髮生活更多樣化的選擇。

講者簡介

勤業眾信生技醫療產業團隊醫療照護產業負責人，勤業眾信最年輕的合夥會計師之一。

政府補貼不是救農村，而是為了選票，這是錯誤投資，不改善需求而是浪費資源。

投資產業建設新農村、新農業、新農民

林盛豐

我擔任過政委，其任務艱鉅的程度令我毛骨悚然。尤其年金困難程度不可想像，我不認為溝通可以解決這個問題。有無辦法讓年金在有殘值時破產，如此年金改革委員的角色是幫忙，而不是從嘴巴挖肉的人。

關於長照議題，長期在思考如何讓臺灣變成更進步國家，重點不在投資城市，而是在農村跟二、三級城市，像宜蘭、臺東、花蓮或是屏東，當政府精準投資時就可以翻轉。

農村基礎建設不足 為選票浪費資源

跟先進國家比起來，落後的地方是農村，農村長期基礎建設不足，政府補貼不是救農村，而是為了選票，這是錯誤投資，不改善需求而是浪費資源。除了基礎建設外，應投資產業面，建設「新農村、新農業、新農民」。新農村是整個空間；新農業是年輕人可以回到農村，而對於農村老年人社群要以各種方法提供協助；新農民就是年輕人務農沒有障礙，包括農保、租地問題，有些老農不願將地出租，因為怕重蹈三七五減租經驗，目前配套機制都不足。

我從來不冀望政府長照系統，很多經濟狀況好的人不會仰賴政府長照，所以能夠讓長照商業化，這是務實想法。高齡化趨勢帶來的產業結構轉型必須啟動，發展具人性化、便利性、體貼性、以及安全性的產品或服務，應用資通訊技術，結合民間社團及產業界，社福機構、社會互助區域作資源配套，建構完善的服務網絡。於產業轉型中，醫療服務與生技技術的提升，新市場潛力可觀。

活絡商業體系　下放權限地方

總而言之，一個是商業體系進駐；二是互助系統，這在農村更明顯，最後是政策落實。中央政府非常認真地建立政策，或試圖建立一套標準交給地方政府落實，但常出大問題，因無法到基層監督，地方政府為了政策誘因而落實，但落實欠佳。儘管我們認真擬定中央政策，到基層仍千瘡百孔。以我在環保署看到的經驗，減碳政策前期單子像報稅單一樣多，還有營建署的城鄉新風貌，資料準備認真程度超乎想像，但真正的政策目地通通落空。

我認為要大膽放權地方政府，至於縮放之間可以訂定原則。地方政府本該有自己想法，政策無法一體適用。我們要容忍基本精神與各地差異，透過地方執行後再行回報修正，遠好於寫出一本可以容納所有地方的完美政策。如何放權，如何讓我們制度鬆散，如何讓民間各種能量進入，這樣才可能成功。

第三步　重建再生——都市更新、都市計畫

篇十、全國國土計畫　可預見的困境與挑戰

水土不能分開，如何從國土計畫角度面對水災問題亦為重要課題。

前言

黃書禮

全國國土計畫已訂立通過，現正在編縣市計畫，從全國落實到縣市國土計畫會面臨諸多問題，希望透過論壇協助地方國土計畫的規劃，當然前提也包括全國國十計畫應提供明確政策與指導，使縣市國土計畫能順利進行。

今天會議特聚焦在兩重點，一是農地，尤其是違章工廠和農地違規使用，農地違規應非規劃問題，但縣市國土計畫不得不面對，且這是最難處理的問題，亦即檢視國土規劃成因與成效的起步點。第二個議題是針對「水」來討論，這也是余紀忠文教基金會長期關切擅長的主題。八月二十三日在南部地區產生淹水災情，極端氣候現象愈來愈嚴重。水利法修法在今年六月也增訂逕流分擔與出流管制，由於水土不能分開，如何從國土計畫角度面對水災問題也是重要課題。

空間規劃、土地利用，或治水、農地維護，都涉及不同單位及行動計畫間的整合。

國土計畫關鍵在於整合 陳繼鳴

若以客觀中立方式俯視，談國土計畫進度與到底做了哪些，攸關價值取向與判斷，留待各位提供意見。現行國土計畫最大的問題是整合，不管是整個空間規劃、土地利用，或是治水、農地維護，都涉及不同單位及行動計畫間的整合。國土計畫不可能一次到位，但希望讓所有相關單位，把治理、規劃、執行作法等，慢慢輔導進入軌道。

國內以往沒有全行政轄區完整計畫，只有支離的計畫。像都市計畫，雖有四百多處，只占國土一四％地區，其它是非都市土地，區域計畫則按現況編定，後來開放開發許可後，造成都市、非都開發，競合間如何安排，造成許多問題，未來希望透過國土計畫整合，城鄉發展區的目的就是如此。目前進展到第二階段，在一〇八年要求各縣市政府將空間計畫送內政部審查。縣市計畫現況如何，同事蔡玉滿科長三天兩頭視察，發覺這部分還在研擬策略，無具體空間計畫。

逕流分擔出流管制 水利主管機關後續控管

接下來分兩部分；首先面對氣候變遷談水患治理，最近樂見水利署重整應因，之前水利法中有河川管理辦法、排水管理辦法，這次針對逕流分擔跟出流管制在母法中做修訂。流域或排水集水區，要公告劃定範圍，未來有任何開發計畫，它的逕流產生需經過審查，希望逕流分擔要落實。窪地池塘、滯洪池興建眾多，出流部分的控制，與目前設計容量的關係也要管制，需由水利主管機關後續控管。各縣市計畫從交通道路、公園綠地、各個建築物本身，當中很多配套措施，需要不同單位整合。縣市計畫目前大多仍在研擬策略，缺少具體空間計畫。縣市計畫與全國國土計畫差不多，又例如有心規劃分散式滯洪，但劃的未必是適當地區，針對排水集水區範圍要先清楚，搭配測站設置。待未來水利單位，跟內政部營建署，都市計畫以往就是營建署該承擔的，不管是都市計畫的作法、下水道工程處、道路工程的做法，定將商議合作、配套，中上游的部分還要對量的控制多做暸解與水利署搭配。

清理分類未登記工廠有條件地輔導合法化

再來關注農地未登記工廠，這部分有很多討論、爭辯跟折衷。目前處理方式是延續行政院核定的工廠管理輔導法的修法，當初行政院指定一百八十六處特定地區，本來屬違規，經公告之後在輔導期限內就免責。當中在都市計畫有七十四處，非都有一百一十二處，最近十五年內陸續在調整變更，這類工廠若是經過經濟部輔導，認為值得留下且非污染性工廠，土地使用單位就將它變更，從原來的第一等級特定農業區，變更成一般農業區，甚至可透過開發許可，直接變為工業區或丁種建築用地。

未登記工廠需清理、分級分類，屬於可輔導，有輔導價值的才有條件地輔導合法化，否則就要拆除，棍子與胡蘿蔔並施。合法化部分由工業主管機關評斷，是否為夕陽產業或造成環境負面成本成就他個人，一樣要遷廠或轉型，若符合才進入功能分區部分。如果與農業、國保特別地區有衝突，亦不會輔導合法化。原來農地上有很多小型的低污染加工廠，若與當地產業有關，端看適不適合農四分類，即符不符合直轄市、縣國土計畫及鄉村整體規劃、農村再生下的適度擴大解釋。

考量行政成本　高污染土地轉納城鄉分區

在城鄉發展地區劃設裡，有人提未登記工廠輔導至城二－三，若直接進入城鄉發展區，一些保育費、影響費負擔後，就輔導合法化，且周邊污染設施規範都會處理。對於農四的處理，地方政府有的企圖心大，有的不想做，承接陳年病痾的未登記工廠，深怕捅了馬蜂窩。以彰化縣為例，頂番婆水五金約九百多公頃，範圍內及周圍都有違規工廠。指導縣市政府時有做模擬，盤點留下較完整的土地有多少，違規工廠散布何處，這些資料透過國土利用現況、衛星資料調查，有人建議工廠密集、土壤污染的，不只農委會監控的重金屬污染，環保署監控制下的農地污染亦很多，真要恢復農業使用的行政成本很高，若做土壤的改善，不如轉型城二－三，然後採取面積小的做非都市土地開發許可，或未來國土計畫使用許可的方式來變更，讓每一個周邊有環域、緩衝區概念，來支撐嗷嗷待哺的消頹農村，希望農地慢慢回復乾淨，但需耗費很多行政資源。

另有如，高雄、南部縣市乾脆凍結，只要認定違規工廠複雜、嚴重，暫時想不出方法的，就姑且先稱為城鄉發展區二－四，未來且戰且走。以一些誘因特別去變更，取得都市計畫工業區，以往農業區允許做工業區有條件，申請就讓你變更，不申請就凍結，現在有這個趨勢。如他們現在建議寫城二－四，也需一些規模內容、達到的作法與條件，估且劃為城二－四必需有相關的管制規定，這一塊還是草案內容，各縣市作法不一致。

面對種種問題，國土計畫手段尚不足夠，執行面及法律面仍需主管機關，不論水利、農業等一起努力，更需要土地主管機關配合的，今日政策推動內政部納進國土計畫，中央、地方也把國土計畫看成動態規範來配合。後續每五年通檢時可循環審視一次，將跨部會整合性想法納入相關執行計畫，包括上位國土計畫與相關子計畫，粗劣陳述不吝指教。

國土計畫在部門計畫完備後才算充實，否則空有法規無實際功效。

總量管制 釐清部門計畫空間規範

林盛豐

國土法的任務除了繼嗚提及的，有相當重要的部分在部門計畫，一是農村的農業部門計畫，二是關於水域的部門計畫，國土計畫在部門計畫完備後才算充實，否則空有法規無實際功效。國土計畫立法時，主要任務是將區域計畫和都市計畫整合，且將各目的事業主管機關土地使用管理結合簡化，目的事業主管機關土地使用及基礎建設就是部門計畫，將非都市土地使用的被動式現況編定與使用管制提升為主動式國土空間規劃，以永續發展與國土秩序為前提整合各部門計畫的空間課題，就是國土計畫的任務。

總量管制、宏觀調控、數字觀念要清楚

國土計畫要促進空間整體規劃，避免保護區與農業區被侵蝕，假使更有理想則擴大，至少別失守。再來要有效的發展用地，符合效率與公平原則的基礎建設。總量管制、宏觀調控與重要數字觀念，目前還是不清楚。舉例來說，不論是火力發電或觀塘發電問題，都隸屬經濟部的能源部門計畫。爭吵這些議題是因能源政策環評沒做，沒考慮能源綜合性，頻頻換掉公部門長官於事無補。

現行區域計畫落日，轉軌會引發繁雜行政作業。學者與民間團體要求對國土保育、農地使用嚴格管制，若沒有配套補償則會引起更大反彈。沒有整合性論述，部門計畫依然是分道揚鑣，國土計畫與縣市國土計畫所需的規劃專業人力亦急需培育。臺灣區域尺度的空間規劃論述、規劃技術、基礎資料都不足，專業智庫和社會參與機制不完備。

擺脫城市思維　打造農村條件文化特色

區域計畫以現況編定為主，缺乏鄉村地區規劃機制，這個缺陷將使廣大鄉村土地幅員的縣市難以展開縣市國土計畫，一片空白。應擺脫城市思維的鄉村成見，祭出系列創意的農村，打造農村地區條件與文化特色。具體作法是，以縣市國土計畫為上位指導，將原來鄉街計畫空間整合，我認為要納入都市計畫，接著展開農村層級的空間規劃，對於鄉村的特殊性重新檢討，像生產、生活、生態性的公共設施，與建立農業生態補償制度等，目前都缺乏。

余紀忠文教基金會
都市計畫有完整法律架構與權責機關，鄉村、農村則沒有，未來應成立統籌機關。

盤點農地問題　打造農村三生發展

陳吉仲

農地現況面臨三大問題：數量、價格與品質問題。農地數量逐年消失和零碎化，八十萬公頃的土地有一千一百多萬的地籍，每戶約〇．七二公頃是全世界最低，價格則是最高。農發條例修改後，由「農地農有農用」調整為「放寬農地農有，落實農地農用」政策，不再農有時，很多農地的地主已不是我們要照顧的農民了，在運用農委會資源時，還是綁著以農地為主的政策思考是完全不對的。農地重金屬污染部分與經濟部合作，本來一百多億農業用水中將近六億是灌排不分離，農試所在各地農地定期盤查並公布結果，農民才知道如何保護農地。

落實農地農用維持七十四至八十一萬公頃

農委會花了近一年半，動員農委會所有同仁與預算，盤查平地農地八十萬公頃、山坡地二百一十萬公頃，且在盤查時，農地八十萬公頃分成供農業使用的，有農林漁畜、集貨場，還有一種是非供農業使用，或可直接說是違規使用，我們都盤查出來。農地被違法侵占的超過四萬五千多公頃，有十幾萬家未登記工廠在其中，公布的八十萬公頃農地中，就有六萬七千公頃是非農業使用。農地實際盤查真正在種植的只有五十八萬公頃，假設再把將近十萬公頃「潛在可供農業使用」（框是農業使用，但沒有在耕作）的加進來就有六十八萬公頃農地，與實際上八十萬公頃有差距。盤查出來的數據隱含幾個重點：第一個，如果國家要永續經營，到底要維持多少農地總量？這就要回到國土計畫中劃設農業發展區的總量，我們對外稱要維持七十四至八十一萬公頃，是考慮未來人口發展，每人每年的糧食消費量，以及萬一無法進口糧食時，需維持的農地總量。第二，農業使用產出的絕對不只是農業生產產值，應包括生態環境、文化、糧食安全等貢獻，在經濟學上就是外部效益。日本、歐盟等國，會給一筆金額補償，我們則實施「對地綠色環境給付」。

訂定生態補償金　違規工廠成本自付

違規工廠部分，政策是止血再療傷，拆到讓農地不會再興建違法工廠時，才有辦法利用。剛剛提到彰化水五金重金屬污染，用植物復育法處理至少要五十年，酸洗法處理後品質也不是我們要的，所以要有配套措施。且違規工廠要付出相關成本，不能只繳回饋金，還要訂定生態補償金，等同違規在先，現在將農業用地變更工業用地或丁種建築用地時，價差由廠商自行吸收，補償金由政府成立基金保護相關農地。

當然農地上的違規不只有工廠，還包括農舍，蓋農舍是對農民的照顧。修法後認定農民資格加上確切執法，農舍數量就不像以往大幅度增長。最後跟國土計畫中有關的就是農業發展區。剛剛提到要維持七十四至八十一萬公頃，但現在僅能提供六十八萬公頃，短少用地可從宜農宜牧地補足，這是山坡地土地可種植作物生產使用，共約三十幾萬公頃，但目前宜農宜牧地有十八萬公頃並沒種植使用，就是林業。確保水土保持沒問題時就可挪用。另外非法定農業使用，有三萬二千多公頃在河川地中，目前不在法定農地內，未來也可把這部分納入。

成立統籌機關結合生產生活生態

最後特別說明，整個都市計畫有一完整法律架構跟權責機關，鄉村或農村則沒有。在全國農業會議裡面就通過未來要成立統籌機關，把農村發展，包括生產、生活、生態同時結合規劃，我們會儘快訂定。後續國土計畫與地方農業發展區劃設時，農委會責無旁貸會提供所有數據與政策配套措施具體執行。

建立暴雨水管理體系從地方根本做起，納入都會、社區鄰里及建築基地暴雨水管理計畫。

治水建立暴雨水管理 處置環境、農地違規

楊重信

建立暴雨水管理系統

首先從規劃角度談水患，我建議建立暴雨水管理體系，以整個水治理概念來看，最上位是流域綜合治理或流域特定區計畫，且重點是不該有例外，所有流域都納入；第二層從集水區域暴雨水管理來看；第三層是都會排水；再下來第四層是社區鄰里概念，最下層為建築基地暴雨水管理計畫。前瞻計畫利用社區管理系統，才能釐清誰該負責。釐清暴雨逕流從哪來，地方政府對於新開發或新建成地雨水管理，若不納入規劃及建築法規系統，使治水成為末端是錯誤的。除地方政府，開發者也要納入相關法規，開發增加不透水層才會增加逕流，要從源頭劃定才有用，若末端才治理，規劃單位及土地開發單位要負最大責任，這不僅是治水責任。

專責分區管理局處稽查違章

違章工廠問題出在管理，農發條例第三十二條農地違規稽查，其權責不是地政單位，建議於地方政府成立專責之國土分區管制管理局處抓違章，並簡化有關違規使用土地及行為者及具體事證資料，例如違規使用土地座落之鄉鎮、市、區名稱及地址改為：違規使用土地標的物之GPS衛星定位資料。建議中央亦可以計畫補助方式，補助地方政府委外辦理國土違規使用行政檢查。新建違章工廠即報即拆，拆除費用由違規行為者負擔。

違規工廠現在要做處理計畫，又叫管理計畫，建議納入縣市政府國土計畫，並有違規工廠的目標、時程、策略、轉型、拆遷、輔導等等。另外，務必堅守「輔導未登記工廠合法經營期限」，依據工廠管理輔導法第三三條（輔導未登記工廠合法經營之相關措施）之規定，輔導未登記工廠合法經營之最終期限為一〇九年六月

二日，此輔導期限屆滿不可修法延長，否則違規工廠會成為永久之歷史共業。

功能分區、總量管制明確規範

首先強調國土計畫沒有城二－四，若有就是法規、計畫中的違章建築了，我是強烈反對的！違章工廠要負的責任很多，我最強調的是對環境損害的賠償，長期對水、土壤和重金屬污染等，已妨礙周邊環境。我最擔心保一、保二、保四、農一、農二、以及農五之劃設可能被縣市政府採「最小可接受範圍」劃設。相反地，城鄉發展區則被採取「最大期望範圍」劃設，各縣市政府用自己最大期望範圍去劃定，最後讓中央政府傷透腦；地方計畫都劃出來了，中央審查敢刪減多少？所以在區位原則、總量管制上要給地方明確規範，違法就該受處罰或賠償。

俞紀忠文教基金會
Yu Chi-Chung Cultural & Educational Foundation
幾十年來，重大計畫在政治壓力下妥協，究竟政策是否明確？是否有堅持的原則？

檢討環評　補足海洋缺口　國土規劃攸關政局政治

邱文彥

今談農地與治水問題，另有議題也會提出就教。一，同意陳副主委，農地問題不解決，國土規劃就去了一半，農委會公布普查結果，對國土計畫是有幫助的。但問題是很多地方沒有登記的違規使用。楊老師以稅的方式或陳副提出架構性的建議都非常好，但挑戰是就地合法的壓力。就我了解立院有幾個地方委員在違章工廠使用希望往後延，違規部分盡量輔導，若不先斷根則挑戰不斷，現提出這議題，年底選舉就面臨大壓力，皆攸關政局政治。新違建即報即拆，或框起來輔導、處理也都很好，問題是出在已編列的預算。農委會或營建署如視議題重要，呈報預算的優先次序與積極的國土規劃運作界面在哪？我覺得這非常重要。

重大計畫不應在政治壓力下妥協

優良農地大面積保存很重要，過去幾十年來，重大計畫在政治壓力下就妥協了，像臺糖土地一下釋出幾千公頃，對國民來說是資源的浪費，究竟政策是否明確？是否有堅持的原則？值得省思。另個議題是農地種電，很多農民一知半解下就簽約，一簽幾十年，我不反對利用這種方法發電，但要有原則。在環保署一個部會議題中，十公頃土地就要成立五家公司，因為每家不到兩公頃即不用環評，到最後就無法控制，要特別小心。

前日特去八二三淹水現場掌潭村時，當時調度抽水機，最後一天已到九十五部。在保安宮與居民聊，清楚看到淹至一五〇公分。過去枋寮村常淹水，這次反而最低窪的枋寮沒淹。雖看到掌潭村旁有排水設施，水來了滯洪池可能也滿了，再者養殖業照樣抽水更是大問題。治水方面，剛陳繼鳴副署長特別提到「整合」，且是跨部會問題。例如道路興建時沒有想到排水口透水問題，導致完工後又需補救，任何重大建設都需綜合性的跨部會協調與思維，不僅是單一目標想法，這是我到掌潭村的深刻感受。剛也提到低衝擊開發，但就我了解，環保署、營建署、工程會各有一套方式，這些想法有沒有辦法落實到建管、都市更新、新市鎮建設都是關鍵。

環評規範關鍵在於土地使用的適宜性

接下來談環評問題，從過去國光石化到近期藻礁爭議，環評制定值得探討，環評報告是開發業者直接委託顧問公司，這是單向契約關係，但顧問公司若做得太嚴格則會妨礙其開發，開發業者一定要求修改，修到最後就是變成影響不大但也失去本意，環評應該要有明確規範，而規範關鍵在國土計畫中土地使用的適宜性，若一開始清楚做出評析，評析結果不適合卻硬處理，最後會延宕不決。有很多案子跑了二三十年還無法通過，有損政府威信，對開發業者也不公平。

補足海洋地區三至十二海哩適當法令

離岸風電也有問題，國土計畫中海洋資源地區比較鬆散，而離岸風電有潛力的廠址或正在開發的事業約有二十幾家，都落在海岸管理法範圍外，我期望可補足三至十二海哩這段缺口，這塊海域沒有適當法令管制。海洋資源地區較原則性，相關規範較缺乏，未來規劃上應找更多海洋界專家學者參與，國土計畫不侷限陸上，應涵蓋黃色國土及藍色國土。國土計畫法第四十三條特別提到，政府應整合現有國土資源相關研究機構推動相關事務，必要時得經整合後指定國家級國土規劃研究專責之法人或機構；雖當時營建署版本沒有這條，我覺得要加。現有國土規劃及不動產資訊中心，扮演的角色為何？既然是國家級機構，是否應有更高層面、更豐厚資源去支持它，增強國土計畫的持續性，而政策、規範都是可以商談的。

李永展（中華經濟研究院研究員）

國土計畫體系與其優位性其實在國土法中寫得很清楚，第十六條提到地方政府若不做的話，還是要依國土計畫擬定都市計畫之變更。在十七條中提到，目的事業主管機關要提出部門計畫，但有些目的事業主管機關沒有認知到優位性，或即便知道也相對被動而不採取動作，認為是國土計畫單位該做的事。現階段農業區是農業部門主導，我認為除了鄉村規劃外，也要比照都市計畫區中的工業區變更，要有縣市版本的產業政策，再來談可行性與財務計畫。特定地區部分，因為它也是工業主管機關公布的，有沒有必要在各縣市地區再做一次盤點，這也是後續要思考的地方，還有包括生態產業園區、原住民族特定地區，這個部分當然是中央來做，但地方可有建議權。

戴秀雄（政治大學地政學系教授）

全國國土有區域差異，跨域問題過去要有區域計畫處理，而區域計畫未必以行政轄區為範圍是有原因的，因為文化現象、地理、產業、經濟活動並不會受限於轄區，這是很現實的情況必須處理。農地與水的問題，其實都市計畫區本身有出流，問題應該是控制出流點，並做計量能力，才可能談逕流分配，這個問題牽涉基礎建設，較不是國土計畫特別處理的部分。農地問題我有不同觀念，若有污染，縱使搬遷仍有清理義務，不是農政法規也不是土地管理法規，而是依地下水與土壤污染防治法。若此處屬農業發展環境，工業就該是配角，如果區位有競爭，那該談的是如何去權重及競爭區位選擇，這是個說服的過程，否則現在情況就是犯罪學所講的破窗理論，只要創造夠高產值就可合法化，這沒有國土紀律可言。想撐起國土計畫不能各事業部門都覺得與我無關，只提出需求卻不想辦法也不試圖理解，再一百年的國土計畫應該也沒什麼功效。

詹士樑（臺北大學不動產與城鄉環境學系教授）

對都市而言，空間調整有難度，反觀鄉村地區對於高風險潛勢的處理，國土計畫的確能發揮效果。在未來非都市、鄉村、農村空間中，應透過國土計畫來改善在水患部分的因應與提升韌性。國土計畫推動上，特別是縣市國土計畫，太過重視分區劃設或是管制，分區管制一定是先有計畫目標或要實現的內容，所以透過分區管制方式來達成。現本末倒置，一直鑽研分區如何劃，劃設後才考慮財產權或是事後才思考是否有效。所以我們要有農村願景，有農村規劃後，為了達到目標而透過分區劃設管制作為手段，現太過強調手段，導致與願景產生落差，分區一旦劃設後，以目前機制要變動非常困難，應把計畫本身的願景處理好，才把分區接上。

葉佳宗（臺北大學都市計畫研究所教授）

農地違規工廠問題，剛提到彰化有二千三百多公頃，其實臺中有二千五，高雄、桃園都有二千公頃以上，連新北市也有一千公頃違規工廠。要處理的問題不只有彰化水五金，應因地制宜且各縣市問題也不同，需有不同策略來解決。期待縣市層級國土計畫能對這個問題做適度處理。再來談農工混雜的發展。彰化為第一農業大縣，同時也是工業大縣，農業產值全國前三，工業產值也名列前茅，工廠與農地早就已混雜，很難處理。剛陳副主委談的，重點在於盤點，要知道農地、土壤、水的條件跟污染情形，並搶救污染較輕微，還有機會生產健康安全農產品的地區。我試著告訴農業部門，有時要放棄或釋出已經救不回的農地，透過釋出取得財務來挹注要保護的農地，這才是機會的創造。

張容瑛（臺北大學都市計畫研究所教授）

國土計畫不只有單方面的政府政策設計、傳遞，更應視為跨世代的全國性國土成長管理運動，更明智、有遠見地透過國土發展的總量、區位、時序安排，來實現較有品質的成長。我想做兩點的提醒，第一，政府以身作則，若政府內部都無法合作、協調、整合，如何期待民眾可以一同理解、配合。第二，有關全國性國土成長管理運動能否成功的關鍵，為是否具有充分的社會溝通，建議縣市國土計畫推動時，除單方面政府資訊揭露，或形式性的民眾參與，應建立更多的社會溝通平臺。

公部門回應

張廣智（經濟部水利署綜合企劃組組長）

整合一直是公部門的問題，八二三淹水嘉義東石嚴重地層下陷，轄區沒有都市計畫只有區域計畫，要求農政單位做養殖專區時，農政單位只說：「依照區域計畫土地使用分區，這沒有養殖專區。」土地使用規範不清，權責不明導致推動滯礙，有政委提出土地加高、國土再造，但國土再造搭配的區域排水、相關土地計價、公私有地等，費時兩年仍無疾而終。最大問題在於利益、土地難分配。

林監委提到新農村再造，其實整個都市都需再造。再造是指治河觀念，不能僅著重排水，逕流分擔出流管制目的是將洪峰消減，讓指定區域、集水區、公共設施、河川土地等，具有保水治水功能，這是逕流分擔中非常重要的概念，逕流分擔出流管制是縣市國土計畫與全國國土計畫的橋梁，作為縫合動作。

這次修法重點還包含，水利法八三－一三新建物或改建建物應設置透水保水或滯洪設施，容量則是參考建築法規。這呼應中央流域綜合治水，都市有暴雨管理，社區也有暴雨管理，但最終落實關鍵還是回歸建築。

陳志偉（內政部營建署下水道工程處處長）

營建署針對都市計畫區的淹水，主要推動都市綜合治水，除了完備下水道建設，另外就是發展低衝擊開發。低衝擊開發牽涉到都市計畫、建築管理、土地管制的整體考量。把水蓄留要有地方存水，這要從都市計畫安排；土地管制不該開發處就要留下；建築管理部分則有保水的理念。

國土規劃對於都市雨水的防洪設計中，未來維護管理是很大的重點。這幾年署內對雨水下水道做普查，目前查了近五千多公里，許多下水道已使用二三十年，多有損壞。未來做國土、建設規劃時，營運管理也該納入思考，否則管線建好但使用年限不夠長，再重新規劃的社會成本是很大的。

彭紹博（臺南市政府水利局局長）

臺南地區在臺江內海或倒風內海範圍，曾文溪改道後新生地浮出，眾多產業進駐後，人口多集中低窪地區，面對易淹水，系統性治水是必要的。今少子化，學校用地解編，解編地可能再開發，轉為低密度住宅區或其他形式使用。逕流分擔、出流管制是否有足夠強制力，若在劃定的流域裡，學校用地還要不要解編，或改建公園、滯洪池來提高防洪耐受度，若解編後又蓋房舍，逕流只會增加不會減少。

非都部分現面臨沿海地層下陷，地勢低窪聚落怎麼救？希望能配合農委會農村社區土地重劃，在建地週邊搭配畫出一塊土地，假如一公頃的建地，一公頃的公共設施再加上一點五公頃擴大的重劃區域，配合河川、水庫疏濬，將旁邊重劃區填高，把原建地老舊房舍拆除就成為滯洪池。短期能較快地更新改善，免受淹水之苦。

黃宏文（臺南市政府文化局科長）

僅於城鄉發展就第一線社造工作碰到的困境供參。對社造的同仁來說，困境是社造被歸類為文化局的業務，很多議題是跨局處，臺南成立社造推動委員會，市長任召集人有跨局處的委員，落實則有地方跨局處的工作小組會議，就特定問題討論、整合，即使如此，整合依舊不易。合作實例部分，文化局與農業局合推新農人計畫；與水利局有自主防災社區合作，雖未真正發揮資源整合，但至少彼此互相了解業務，調查整個社造相關的資源，衛生資源分配更需社區參與。

縣市合併後公所角色重要，以往公所認為在區政推動上，社區做社造，文化局管理社造，中間公所角色都跳過。讓公所參與公平審議甚至是參與式預算，過程中也可累積不同經驗。例如：參與式預算要經費，文化局社造預算不多，由公所審議，審議後的計畫作為明年提案。鼓勵公所以社造平臺自居，有的公所整合南科回饋金，有的則提議做市場改造，向經發局找資源。縣市合併後財政自主權少，公所更應整合資源，讓社造變成城鄉發展認同的跨局處業務。

王敏治（新北市政府城鄉發展局總工程司）

就執行面說明困境，第一點是國土功能分區劃設國土保育地區及農業發展地區，會造成較大影響，因可能限制土地容許使用項目、發展權或是可建地變成非可建地等問題，若沒有合理補償機制，易導致反彈抗爭，建議中央主管機關考量政府財源，訂定合理補償機制及配套措施。第二點是不論現行空間計畫或未來的國土計畫，對違章工廠的處理都會面臨產業發展與農地農用間的取捨平衡，政府要強力取締還是輔導合法化？如何取得平衡點將考驗政府的智慧，建議中央、地方、產業部門、農業部門建立跨域整合平臺，尋求共識找出最適方案。第三點，空間計畫最基本是圖資，非都地區只有地籍圖，推動空間計畫還需地形圖，精度要求高相對時間、人力成本也高，但精度太低則造成分界不明確或是誤差大，將不利執行，建議中央考量成本效益，訂定合理明確可執行的書圖製作規範。

葉家源（臺北市政府都市發展局副總工程司）

回顧臺北市整體性計畫，從八十一年訂定全市綜合發展計畫後，具指導性的計畫較弱，希望明後年國土功能分區能當作後續臺北市整體功能的指導。臺北市近期配合大眾運輸導向型開發（TOD），以大眾運輸樞紐和車站為核心的同時，倡導高效、混合的土地利用，擇定三十幾處重要場站，近期會發布開發許可，透過 TOD 概念結合都市更新地區，讓民間業者與大眾運輸整合。

余紀忠文教基金會
Yu Chi-Chung Cultural & Educational Foundation
區分都市及非都市，就表示鄉村
地區沒有主體性和重要性。

結語

曾旭正

多年來各學界花了很多時間努力，過程中臺灣經歷快速都市化及人口成長，投入人力及財力在整合公私部門的建設，但並沒有得到令人滿意的城鄉環境，國土規劃涉及諸多專業面向，討論整合是必要的。當初國土計畫法已排除國發會角色，職責落到內政部營建署。我本認為尚可參與行政院的國土計畫審議委員會，後來不用國發會負責，變成專案政策處理後，很快地通過國土計畫。最近主委認為仍應關注國土計畫，接下來應有會內改制、組織調整，是否有機會再參與，要看情勢發展。這一波國土計畫訂定，相較於過去，最重要核心議題的一部分，就是鄉村地區規劃，分都市及非都市，就表示鄉村地區沒有主體性和重要性。對地方政府而言，面對的挑戰就是種意識形態，特別是房地產開發時的期待。我們如何找出好的機制，在國土計畫中把相關農村規劃操作出來，這將是重要挑戰。

篇十一、探究都更失靈 癥結與省思

都更制度改革牽涉龐大利益，並非單純公共政策議題，介入需要很大的勇氣。

前言

余範英

臺北大學都市計畫研究所五十週年，過去五十年中參與多項都市規劃經驗，對當今國土計畫推動與連結提供可貴資源，余紀忠文教基金會承黃書禮教授邀約，在楊重信老師籌劃下共同檢視此主題。都市更新條例實施至今將滿二十年，多年以來許多都市更新案例爭議不斷，政府失去應有的作為，加上容積獎勵浮濫，成效不彰。特邀各方學者探討都更失靈癥結與對策，期望公私部門協力辦理，研擬、推展審議，並檢討更新過程，才能真正促進都市再生。

都市更新制度之改革，牽涉到龐大之利益，這並非單純公共政策議題，介入需要很大的勇氣。這些年接觸國土計畫，再回顧都市計畫法與都更之間的關係，以及鄉村、城鄉規劃與都市計畫的關聯，認為可區分為兩個層次解讀：一是都市發展進程與城鄉發展休戚與共，另一是帶動地方創生。需思索如何擁有安定的國土與永續環境支撐都市發展，及督促都更領導者、改變政策制定者，推動民眾教育為當務之急。關注國土規劃與都計議題，學術研究、教育傳承，一棒接一棒，代代相傳，繼續努力。

都更容積獎勵是都更推動與否的動力。但制度設計除應考慮環境貢獻，也應注意環境容受力。

沿革中檢視都更政策、審議效率

邊泰明

都市更新審議委員會績效不彰

民國八十七年之前，都市更新的工作因缺乏法律的依據，致使政府在更新工作的推動上有捉襟見肘的困境，民國八十七年都市更新條例的頒布對都市老舊建築更新有了一部執行的依據。條例中對都市更新程序的規定包括都市更新單元的劃設、都市更新事業概要計畫（簡稱概要計畫）、都市更新事業計畫以及權利變換計畫的擬定等階段，每個階段都必須經過都市更新審議委員會審議通過，所以說都市更新是都市更新審議委員會的產物。

統計至二〇一八年第二季，依據都市更新條例實施至今全臺都市更新事業有五百三十六案，從更新單元規模來看，以一至兩千平方公尺案件最多，約占四成；一千平方公尺以下約一成。顯示更新規模以小型基地開發為主；大規模都更五千平方公尺以上占總案件八%，說明大規模都更開發仍有困境，都市更新審議委員會績效不彰。

都更審議制度困境：程序規範、更新單元

審議時效的困境：都市更新產權複雜程度不一，有些審議時效較快，有些審議時效緩慢。以臺北市為例，平均一個都市更新審議案需要費時三年六個月以上才能夠審核完竣。事業計畫及權利變換的內容複雜，影響權利關係人權利甚鉅，必須審慎處理，審議時效無法達到社會的預期。

更新單元劃設區位與規模的困境：更新單元的劃設有更新地區內與外兩種形式，更新地區為政府公布之地

區，屬於建物窳陋、公共安全堪慮、都市機能不足之地區，一般而言，產權較為複雜，推動不易。所以在都市更新地區外，自行劃設更新單元數量會比更新地區內之更新單元多出許多。再者，在特殊條件下最小更新單元面積五百平方公尺，一般更新單元面積一千平方公尺，類似房屋重建計畫。小規模基地的都市更新難免流於個別的考量，缺乏整體系統性的思維，公共利益不易彰顯。

容積獎勵額度的困境：都市更新容積獎勵的設計是都市更新推動與否的動力。臺北市都市更新案容積獎勵幅度大約四至五成，新北市則約七至八成之多；例如臺北市正義國宅都更案總容積獎勵達七四%，永春都更案容積獎勵達七六%；新北市新生地大陳義胞社區附近地區更新單元二更新基地面積九一八九平方公尺，法定容積六六三%，更新完總容積達到一二〇〇%，更新前戶數一百八十戶更新後達到七百零三戶。容積獎勵制度的設計除了應考慮環境貢獻，也應注意環境容受力。

公共利益實踐的困境：目前都市更新所謂公共利益多以協助開闢計畫道路、留設人行步道以及增加停車空間為主，都市更新在容積獎勵額度以及住戶數量倍增情況下，若僅止於上述公共利益的實踐，值得省思。尤其從都市更新完工的資料顯示（統計至民國一〇六年為止），單一地主和五人以下地主比例高達將近汝成，容積獎勵的給予和公共利益的實踐，是否對等？是都市更新審議值得討論的議題。

少數堅持者處理的困境：都市更新少數堅持者或基於特殊理由或者著眼於權利分配之策略行為而產生不理性現象，使得都市更新集體行動無法達成，延宕整個都市更新的時程。如何兼顧絕大多數人的更新意願與少數堅持者的不理性行為，取得一個社會共識的處理模式，是政府目前必須要面對的議題。

都市更新政策的穩定性：都市更新推動的過程中，危老條例的出現使得兩種法令在都市改造過程中產生競合的問題。比較兩種法令的差異，都市更新條例所欲實現的公共利益雖不理想但優於危老條例（公益性僅建築線退縮、設置無遮簷人行道、綠建築等）；就容積獎勵額度來說，危老條例容積獎勵幅度（獎勵後之建築容積不得超過各該建築基地一・三倍之基準容積或各該建築基地一・五倍之原建築容積、時程獎勵一〇％）大於都市更新條例且沒有規模面積的限制。不同的制度誘因設計產生的結果互異，以新北市為例，從民國一〇六年五月公布危老條例至今年十月總共通過二十一案，其中有九案基地面積小於四百平方公尺以下，最小面積僅一五四平方公尺。依照該發展趨勢，未來可能會有許多原先援用都市更新條例之都市更新案轉軌至危老條例之都市更新案。

講者簡介

國立政治大學地政學系博士，研究專長為土地使用管制、都市計畫、產業經濟。現為國立政治大學地政學系教授，曾任工業區開發與管理年報編輯委員。

建築容積大量增加所可能衍生的負面外部性為人詬病。

非計畫性增量的容積 恐違背公平合理

賴宗裕

政府為促進都市土地有計畫之再開發利用，復甦都市機能、改善居住環境，積極推動都市更新，並以容積獎勵方式提供開發誘因，結合容積移轉政策，鼓勵私部門協助促進都市更新目標之達成。然而這些非計畫性增量的容積，與容積管制企圖確保建築安全、都市發展型態及生活環境品質有所違背，衝擊容積管制目的，造成不動產市場之開發計畫主導都市風格、型態及公共設施服務水準，也引發當前容積政策公平性、合理性之疑慮。都市更新是否存在公共利益？公益私益衡量下，在執行容積獎勵及容積移轉制度，營造私益誘因之同時，是否亦有兼顧公益對稱關係之作法？此一問題隱含都市更新之目的是否藉由都市更新容積獎勵及容積移轉機制獲得實踐之質疑？亦存在著踐行都市更新政策推動之路徑，是否不存在公共利益，卻造成業者暴利、民眾暴損之公平合理性問題？此乃一值得思考探究之課題。

省思容積獎勵政策疑慮

臺灣現行的容積政策種類繁多，各有其立法的背景及欲達成之政策目標，然而政府在相關容積政策的研擬過程中，多以單向思考單一政策的功能與效益，忽略了相關政策同時實施時所可能產生的負面外部性及不同政策之間的矛盾性，可能造成政策效果的折損，甚至產生整體都市環境品質大幅下滑的危機。因此，必須再省思容積獎勵政策實施至今幾項疑慮：一、容積獎勵都市更新事業之推動是否有達其政策目的？二、是否不成比例地提高開發者之鉅額利潤？三、容積移轉是否改善公共設施用地取得及服務水準？四、是否惡化接收地區之生活環境品質及交通問題，卻讓市場投機者取得合法管道賺取暴利？五、是否可能導致地方政府為增加建設財源之挹注，忽略地區容受力而行販賣發展權之實？

容積獎勵與移轉成為政策貨幣提款機

容積移轉辦法企圖解決政府財政問題，卻又再次惡化公共設施保留地地主之公平性問題；過多的容積獎勵措施鼓勵土地開發利用，卻未同步維持開發地區周邊之公共設施服務水準，形成開發者享受容積開發之利得，而毗鄰地區地主承擔外部性之社會成本負擔之不公平現象。以致引發數端質疑，包括容積特權免費享受卻未盡社會義務、容積政策成為服務政治的工具、容積成為政策性貨幣到處提領、具公共財特性的都市景觀遭受破壞、超額容積惡化生活環境品質等問題。

容獎與容移要有公平合理對價關係

為避免這些疑慮之持續存在，除依賴審議制度之把關外，制度設計上，亦應同步考慮業者取得容積獎勵額度相對義務之比例關係，以使制度更趨公平合理。再者，容積移轉從沒有基準容積依附的公共設施用地上（如道路用地、河川用地），核算出之容積量往往創造可觀之鉅額可建築樓地板面積，不僅為業者創造財富，也為當地居民增添環境、設施外部性之負擔，但現行制度上，對於移入容積之增量所對應之紓解外部性相對義務之比例關係，亦缺少公平合理之對價關係之制度設計，故應一併改善以符合公平正義原則。

容積政策釋出的容積增量過大　難以調控

容積獎勵措施被視為土地開發市場的利多政策，同時具有提供特定公共設施的功能，但最為人詬病的是建築容積大量增加所可能衍生的負面外部性。當前臺灣各都市之公共設施容受力皆無法提供適量之服務水準，以致任何人口成長或產業活動之增量都容易產生排擠效應，降低空間品質。因而在容積政策所釋出的容積增量過大而難以調控之情況下，未來審議機制應發揮把關之功能，妥適評估申請容積移入或獎勵地區之容受力，考量開發地區公共設施擴充之可能性，以確保生活品質與產業機能之穩定性。

講者簡介

美國賓夕法尼亞大學都市及區域計畫系博士。研究專長：都市計畫、成長管理、土地開發、土地使用計畫與管制。政治大學地政學系教授，曾任政大地政學系系主任、交通部大眾捷運系統建設及周邊土地開發計畫審查委員、內政部區域計畫委員、農委會農地變更審議小組委員、臺北都會區大眾捷運系統土地開發基金管理委員會委員等。

目前都市計畫與都市更新配合
上，實施成效很有限，主要因都
市計畫棄守都市更新。

都更凌駕都計為人詬病　追求目標本一致

李欽漢

都市更新條例自民國八十七年立法以來，與都市計畫在實務上或上下位階關係協調運作，例如土地使用分區變更或都市更新地區及單元劃定等，常常讓人詬病都市更新凌駕都市計畫之上的疑慮。實際上，都市更新與都市計畫本質目標是一致的，都是在促進都市生活機能及生活環境的改善。

民間都更　追求最大利潤

以臺北市實施都市更新經驗而言，依內政部營建署（統計至一〇六年十二月）各縣市都市更新地區（單元）與都市更新計畫統計表，臺北市劃定二五七處都市更新地區，但經政府劃定都市更新地區提出更新事業的僅有三十案，但自行劃定都市更新單元的有一千零六十八案。除臺北市外新北市亦同，其餘各縣市均依政府劃定之都市更新地區為引導策略，再進一步分析臺北市與新北市其自劃的主要原因，為民間以不動產市場利益為導向，非以公共利益為主要考量，導致政府劃定建物窳陋且急待優先更新地區實施者興趣缺缺。

九二一重建的經驗

民國八十八年九月二十一日臺灣發生芮氏規模七·三級的強烈地震，造成死傷及房屋嚴重損毀，這是一不幸且難以抹滅的記憶，今天在這裡提及此一事件，是因為事件發生後至今已逾十九年，當時災後投入大量人力及資金之重建及都市更新經驗對現今各界百家爭鳴，各有立場的都市更新應有相當的啟示，以下簡意說明與「都市計畫及都市更新」有關之政策、法令與執行。

在重建方面分為個別與整體重建，個別主要指獨棟、產權清楚且不涉及都市計畫變更者；而整體重建，主要指依都市計畫法及非都市土地管制規則辦理重建或變更之地區。其次，有關都市更新地區的劃定則分為都市土地及非都市土地，都市土地以都市更新條例之處理方式及實施方式辦理；非都市土地的都市更新地區劃定，先依都市計畫法之擬訂或擴大都市計畫範圍辦理再依都市更新條例辦理之。當時的重建計畫綱領目標與基本原則，已將我們積極追求都市更新進化為除實質環境的改善，且還需包括非實的社會、經濟、文化及產業等環境在內之都市再生政策，甚至將目前顯學的「地方創生」—「城鎮．人．就業」理念實際執行。且也考量都市與鄉村之特色與差異應因地制宜，制定有彈性之制度、法令及執行方式。

現行都市計畫棄守都市更新

目前都市計畫與都市更新配合上，實施成效很有限，主要因都市計畫棄守都市更新；都市計畫訂定目的原以改善居民生活環境及均衡都市發展，並考量公共設施容受力而規範土地使用、交通運輸及公共設施計畫，並透過定期通盤檢討辦法進行都市更新地區之一般劃定，地方主管機關應就都市發展狀況、居民意願、原有社會、經濟關係進行全面調查與評估，但礙於通檢時間冗長，政府財力問題，本應擁有主動的規劃權而由被動式的個案變更程序所取代，而都市更新地區劃定中之一般地區劃定，也幾乎消失在都市更新界。其次，都市更新自成一體系，因都市計畫棄守都市更新，都市更新為求尋找生機，被迫自成一格，被為人所詬病的為容積的獎勵、容積的移轉及單點式的開發，對都市的發展、生活環境品質、防災系統的建立並無太大助益，而造成政府劃定之優先發展都市更新地區乏人問津，取而代之的是以不動產為導向基地式都市更新地區外自行劃定都市更新單元。

都計與都更結合之建言

對於都市計畫與都市更新的結合提出以下幾點建議：

1.原都市計畫及都市更新計畫制定過程均由上而下之制定權，建議參酌民眾參與及居民意願擴大居民、社區、里長、鄉鎮（區）公所之提案建議權。

2.有關都市更新地區及都市更新單元劃定，仍受都市計畫整體開發管制，涉及主要計畫擬定或變更建議由地方與中央聯審。

3.涉及細部計畫擬定或變更，都市更新計畫與細部計畫由地方政府各局處聯審以縮短時程。

4.都市計畫定期通盤檢討應與都市更新計畫中之「一般劃定」一併考量都市計畫與都市更新之都市發展政策之長期配合。對被遺忘已久的一般劃定地區指導未經劃定都市更新地區自行劃定都市更新單元，配合居民、社區主動提案權的滾動式計劃，應再加把勁及力道。

5.九二一災區經驗中有關都市更新涉及非都市土地之區域計畫及都市土地之都市計畫，如此複雜法令體系中都能在各方努力之下建立一套重建系統，可見初衷、溝通協調與共識是非常重要。

6.因地制宜的都市計畫與都市更新彈性政策是必要的，臺北市、新北市（部份地區）首都之實質環境改善及非實質環境之人文、社會、經濟、產業可經由聯合都市計畫之都市再生政策創造一新亮點，在首都圈以外建立「地方創生」的機制。

講者簡介

政治大學地政研究所法學博士、淡江大學建築研究所工學碩士。現職臺北市都市更新學會理事長、中國文化大學市政暨環境規劃學系／研究所副教授、桃園縣都市更新委員會委員、基隆市政府都市計畫委員等。

協商相關專業公會、學會、協會等，以公正第三者立場，協助調解相關爭議問題。

臺日都更機制比較、建言

何芳子

臺灣在都市更新辦理的理念源自於日本，但一九九八年「都市更新條例」公告實施後，在法令面、實務面及執行面皆因國情不同有所差異，試比較簡述如後：

法制面的差異

臺灣都市計畫依內容層次區分主要、細部計畫；日本僅擬訂主要計畫無細部計畫，但實施新市街開發及市街地更新事業則須擬訂地區計畫。臺日兩國均實施土地使用分區管制，臺灣採不同使用分區搭配不同容積率規定，日本則採相同分區搭配不同容積率規定。在更新計畫定位上，臺灣更新計畫依循都市計畫（主要、細部）規定辦理；日本更新計畫必須透過都市計畫程序核定為高度利用地區並擬訂地區計畫據以實施。而專法規範內涵亦有差異，臺灣包括拆除重建、就地整建及保存維護；但日本僅拆除重建。針對罰則內容，臺灣實施過程違反禁止調查事項處以罰鍰，罰則輕；日本對相關人員涉及行賄、抗拒測量等行為，依情節不同處以最重七年以下有期徒刑或拘役，罰則較重。臺灣除專章原則性規定外，另訂子法加以規範；日本則均於專法內，以主要重點加以詳細規定。容積獎勵部分，臺灣更新事業取得容積獎勵係依獎勵項目，依法定容積的百分比核給；日本容積放寬是直接透過都市計畫程序核定給予，一般為二〇〇％以上。在實施者類別差異上，臺灣包括地方政府、更新機構、更新會；日本包括公部門的地方政府、ＵＲ都市機構、住宅供給公社、私部門的個人再開發組合、再開發會社。臺灣針對實施者引入事業協力者，未加以規範；日本對不同實施者可引入的事業協力者，在專法內有參加組合員、特定建築者及特定事業參加者，另行政規則有特定業務代行者之規定。

操作面的差異

投資者於權利變換參與方式不同：臺灣投資者由權利關係人就其參與權利變換取得之樓地板，按其應支付之共同負擔（事業費）金額折價抵付給投資者，投資者不參與權利變換；日本投資者其取得的「保留床」係經權利變換後，由權利關係人取得「權利床」剩餘之樓地板，可見投資者是參與權變的。

投資者規模經營形態差異：臺灣投資者以一案公司居多，規模小，以出清推案為經營目標；日本投資者以大規模且永續經營不動產出售、出租公司居多。

行政部門介入程度不同：臺灣行政部門從更新地區劃定到事業、權變計畫核定並協助調解、調處爭議問題，介入程度高，審議流程長；日本行政部門於啟動時，協助更新方針擬訂、審定都市計畫、事業計畫，不介入權變計畫審議，僅進行備查，至爭議問題則依訴訟解決，審議時間較臺灣短很多。

特殊法人扮演的角色：臺北市二〇一二年成立都市更新中心，協助行政部門推動公辦更新、都市再生計畫並協助實施者與權利關係人的溝通協調。於二〇一八年成立的行政院國家住宅及都市更新中心將推辦公辦都更及公營住宅管理經營；日本UR都市機構從一九五五年成立之日本住宅公團至今已達六十年，扮演更新者、投資者，實施土地重劃事業，經營約七十五萬戶出租住宅。

觀念面的差異

臺灣更新事業報核時，必須取得權利人同意書符合門檻，權利人出具同意書前大多簽訂合建契約以為權益保障，雙方存在討價還價空間，如無法達成協議，則有反對抗爭產生；日本透過交流溝通達到2/3以上合意形成，不必出具同意書，以權利變換方式推動，無討價還價空間。

面對更新權益分配的期待，臺灣多數權利人認為透過更新可不負擔費用，期待分回超過原有面積；日本一般權利人認知更新後的還原率未必可達到百分之百，欲提高分配應額外分擔費用。更新前房屋現況部分，臺灣現有房屋地面層屋頂搭蓋違章建築現象相當普遍，更新推動時違章無法納入補償分配，損其既得利益且地面層多店鋪使用，更新後店鋪面積縮小，而反對更新；日本極少違建，且分區使用較純化，更新後分回店鋪，願意將共同持分整體經營，能提高使用坪效。

對更新機制的建議

日本的機制若干關鍵架構與環節頗值臺灣學習，就臺灣實施至今，已累積不少經驗與成效，全面的改弦更張誠屬不易。僅就更新機制中容易產生爭議的環節提出幾點建議：

1.行政部門結合NGO、NPO透過說明會、講座等活動，讓權利人了解更新的要指，在於房屋結構安全、耐震防災、無障礙環境及都市景觀等品質的提昇，更新後要求面積量的增加，必須負擔相當的費用。

2.加強權利人對權利變換方式的了解，是公開公平公正的分配方式，強化其信任感，願意加以採行。

3.強制要求實施者於啟動更新作業時，必須提供必要資料面對面向權利人詳細說明，密切溝通誠懇耐心的協調，以取得權利人的認同與信賴。

4.行政部門持續修正相關規定、審議規則等，給予事業、權變計畫明確方向與依據，確保計畫的穩定性及審議流程縮短。

5.協商相關專業公會、學會、協會等，以客觀、公正第三者立場，協助調解相關爭議問題。

講者簡介

日本國立御茶水女子大學人文科學研究所碩士。現為財團法人都市更新研究發展基金會顧問，曾任中國文化大學推廣部建築與都市計畫研究所兼任副教授、臺北市都市發展局副總工程司、主任祕書、臺北市工務局都市計畫處都市更新科科長、正工程司。

近代歐美各國紛紛採用公私夥伴
關係模式推動都更，臺灣之都更
PPPs 模式建議採用 IPPPs。

糾正行政怠惰 建立都更公私夥伴模式

楊重信

臺灣都更乏善可陳之癥結，主要在於政府行政怠惰，奉行「三不政策」，不依法劃定更新地區、不擬定都市更新計畫、以及不推動實施都更事業，且將建商零星且小規模圈地、自劃更新單元之「房屋合建」當作都市更新之主力；其次在於現行都更制度缺乏一個能在都市計畫之規範下，能提升居住環境品質與都市韌性、促進經濟活力、減輕對社會文化衝擊、以及加強歷史保存之都市更新模式。

他山之石：公私夥伴關係模式

都更不但非常專業與複雜，且並需要龐大之資金，以及公權力之介入，因此政府或建商很難獨力完成。近代歐美各國紛紛採用公私夥伴關係模式推動都更，以美國為例，卡特政府於一九七七年通過「城市發展行動撥款計畫」，以公私合作方式，促進城市再生與經濟發展。於一九七八年宣布將「公私夥伴關係」（Public-private partnerships, PPP）為國家城市政策核心，各級政府也一致認為城市問題之解決有賴私部門的支援。一九八一至一九八九雷根政府更是大力推展ＰＰＰｓ，其新聯邦主義將城市再生責任轉移到地方政府，將ＰＰＰｓ視為城市再發展之催化劑。

臺灣ＰＰＰｓ模式選擇

ＰＰＰｓ模式可分為「純契約型ＰＰＰｓ」（Purely contractual PPP）與「組織型ＰＰＰｓ」（Institutionalized Public-Private Partnerships, IPPPs）。前者權利與義務是透過行政契約或一系列契約規定，後者是在一個混合資

本實體內，根據契約、公司章程與公私股東協議執行任務。臺灣之都更ＰＰＰｓ模式建議採用ＩＰＰＰｓ，其理由如下：⑴採用純契約型ＰＰＰｓ很容易再陷入如現行「政府監督、建商主導」而無法有效與公平實施之困境。⑵ＩＰＰＰｓ是公私部門共同建立一個混合資本實體，以履行公共契約或特許；ＩＰＰＰｓ之公私部門都應投入資金，共同承擔經營責任與風險，私部門除投入資金與設備外，可貢獻其專業技術與經營能力，提升計畫執行之專業性與效率，政府則可透過股權參與、貸款保證、租稅誘因、以及補貼等手段，掌握相當程度之決策與監督力量。同時建議將都更地區分為策略性更新地區（都市再生地區）、社區型更新地區、以及歷史文化保存地區等三類。

ＩＰＰＰｓ更新事業的權利變換

1. 過去都市更新事業計畫之實施，不論建商或專業更新機構是要採權利變換，或是要採協議合建，都是要經過協議與簽訂同意書之程序，簽訂同意書時即會附帶簽訂有關更新後利益分配與附保密條款之契約，此都市更新事業計畫之實務操作，讓更新地主與其他權利人於後續實施者擬定權利變換計畫時，失去主導權，而任由實施者宰割，無法落實權利變換公平分配利益之精神，此即為頗受詬病之更新事業「假權變、真合建」現象。

2. 新的制度一定要破解這個制度設計之盲點。於擬議之都市更新ＩＰＰＰｓ模式中，排除簽訂私契，而一律採用權利變換方式分配都市更新利益，更新前後權利之估價、事業實施成本與公共負擔之計算由政府委託公正之第三者機構審查與簽證，並且資訊要公開、程序要透明。

都更IPPPs之財務工具（TIF）（TIF租稅增額融資制度，Tax Increment Financing）

1.直轄市與縣（市）政府，制定TIF自治條例，以更新地區未來每年房地價稅收增量或是每年房地價稅收之一定比例金額做保證，發行TIF債券，此可發行直轄市、縣（市）公債或庫券為之，以籌措辦理都更所需之資金。

2.TIF債券收入，可用來從事更新地區或TIF地區之規劃、公共設施建設、參與PPPs股權、補貼更新地區內之房屋整建與維護費用等。

3.以TIF作為政府推動都更之主要財務工具，優點在於：不涉及增稅；取之於更新地區，用之於更新地區；房地價稅基穩定，都更財源永續。

4.刪除都更條例立法院初審結論有關減免地價稅及房屋稅之規定。

5.TIF取之房地產增值，用之於當地，納稅人所繳之不動產稅額為本來應繳之稅，因此不是增稅。TIF取之於地方，用之於地方，是將原要被納入大水庫後流向不明之稅收，用於地區都市更新，此既公平且可促進地區再生與經濟發展，提升居民福祉。

臺灣都更IPPPs法制化

建議大幅修訂「都市更新條例」，於該條例中，新建一套IPPPs制度，或是乾脆新訂一套「都市再生條例」，讓「都市更新條例」日落西山。我主張公私合辦，由政府公開評選更新法人或機構，簽訂行政契約，公私合夥作為實施者，並由政府來保證維護地主的權益。我不贊成僅從都更程序的強化來增強都更之公益性，因為其效果是有限的！我主張都更機制或模式應該做根本之改變，改由政府與公開遴選之都更法人或機構合組公司，共同為實施者，共同承擔風險，共同分享利益，以及由政府來確保地主之權益與增進公共利益。我建議先做一個示範性計畫看看，有關都更公私夥伴關係模式之研究與設計，也要找到適當之研究機構馬上進行。

監察院有糾正地方政府行政怠惰責任

我對監察院有幾個期望，希望監察委員揮起的劍不是桃花木劍，起碼是冶鐵劍，最好是把銳利的鋼劍；第二個期待是希望監察院要求主管機關做些應該做且可以做的事。舉例言之，我曾跟花敬群次長建議選擇一個或兩個都市再生地區，從事示範性都市再生計畫，其相關規定可先以行政命令來規範，但是一直沒下文，我覺得監察委員對此應該有著力之處。第三個期望是，都市更新條例發布實施二十年來，地方政府不根據都市更新條例第五、六、七條之規定劃定各類更新地區，擬定更新計畫，以及推動更新事業之實施，監察委員應該可以列案調查，糾正地方政府行政怠惰責任，並要求地方政府在一定期限內完成劃定都更地區、擬定都更計畫、以及推動更新事業計畫之實施。

都市更新不應只看住宅區，更應將焦點置於「都市再生」，由政府規劃策略性更新地區。

落實細部計畫 著手目的性調查通檢

林盛豐

實際檢視這些年來都市更新實施情形，往往演變為住戶和建商間利益衝突，甚至導致許多抗爭。今諸位教授提供建言，邊泰明教授從「審議」角度分析，無論程序規範、更新單元等，因為各方都有不同看法，難免難滿足所有人的期待。賴宗裕教授也質疑，當今參與都市更新者多著眼於各種容積獎勵措施，但卻忽略公共利益，導致都市更新往往形成業者暴利、民眾暴損。楊重信教授主張，都市更新不應只看住宅區，更應將焦點置於「都市再生」，由政府規劃策略性更新地區，劃定特定專用區，並根據都市計畫向下規劃。

到監察院後，發現我們能做的事情，不如各位預期，像都市更新的案子，頂多只能針對國發會還有營建署主導的都市計畫，以及都市發展局給予具體意見，假定他們不接受，或許可以一項一項研議、質問，甚至可以彈劾。但實際上，像楊老師提到ＴＩＦ（租稅增額融資制度，Tax Increment Financing），或是何顧問提及之日本地區計畫，這些都是可能的方法，我們目前幾乎都在做無意義的通檢，細部計畫是空泛的，而地區計畫可能是一條路，但日前連主要計畫人力預算都沒有，尤其是社區、地區計畫層次，這種細膩計畫如何落實？實施主體是誰？都需要思考，或試辦示範地區；都更地區的劃定，其實是要與都市計畫緊密的結合，而且要考量整體開發的容受力等，這些都需要於主要計畫層次整理清楚。調查方向要朝向有意義、有目的性的通檢，再更具體地落實到細部計畫，而日本地區計畫是不錯的參考。

討論與回應

張權崁（長安西路拆遷案代表）

我是去年長安西路被建商欣偉傑偷拆的受害戶，我並非不同意都更，而是不同意不合理的都更。自辦都更有許多問題，第一個是面對建商，我們只能任他圈地，地主無法選擇建商；第二，都更實施者其實可以直稱建商，百分之九十九都是。建商可以刻意低估未來售價，欣偉傑找了三家估價公司，最高的評估未來一坪只能賣六十萬，現在卻開價九十一至一百萬在賣，完全低估售價，高估建築成本。

就永春案的判例來講，最高行政法院也說，審議根本沒有實質審查，地主合法的房子在不同意的狀況下，政府居然可以讓建商取得拆除執照，事後去調資料，建商申請拆除執照上面居然有我的同意書，上面沒有我的簽名印章，但是是用我的名義，我的身分證字號去申請拆除執照，臺北市政府也讓他過了，但當我發現後，建商把我家拆到雙拼的房子拆成獨棟，然後拆到樓下都變簍空了，中間打了一九九九，甚至寫了存證信函給臺北市政府非常多次，只回復會請建商跟

我溝通協調，但建商是拿著衝鋒槍，我卻拿 BB 彈。偷拆我家的人也是專門負責頂罪的，之前就拆倒興德路另外一戶，也是偷拆的，頂罪的工頭最近被判刑八個月，非常離譜，因為我在法院看他的前案紀錄有十六頁，實在無法認同都更讓這樣的建商宰割民眾。

李昭玫（透明都更基金會會長）

誠如何芳子委員講解的日本跟臺灣制度差異很大，臺灣的制度是學習日本，畢竟國情也雷同，生活文化臺灣過去也受日本殖民的經驗，基本上的觀念都可以接受。但臺灣都更條例裡，似乎沒有明確規範。看到許多實施者的背景，資本額一百萬的公司就能當實施者，這個案子的實例就在五分埔，五分埔案子是個商業區，基地一千七百多坪，它的產值兩三百億，本身是公劃，就是市政府公劃的都市更新地區，大概民國八十幾年時劃的，而實施者本身不是建商，也沒任何建築背景，只是代書成立的一人公司，就符合公司法，能辦理都更事業計畫了。

他的手法是利用灌人頭方式，就像不久前發生的黎明幼兒園案子，他的市地重劃也是灌七百個人頭，讓七個所有權人就可以做市地重劃！從市地重劃的精神其實套用到都更也是一樣，換湯不換藥。今天參加論壇，很開心能聽到各位學者專家的意見，對現在政府執行都更的制度缺陷提出一些對策與解決方案。

篇十二、後工業化臺灣都市計畫法的大挑戰與跨越

註：此篇無刊登於報紙版面，仍非常值得收藏。

未來全臺人口預測整體下降，這產生將來都市計畫裡面有很多土地可能是不繼續開發的。

都市計畫擬定與通盤檢討

邊泰明

大家都知道近年新訂國土計畫，國土計畫底下還是有都市計畫，因此如何運作是個很大的議題。都市計畫擬定我覺得公共設施保留地逾期到現在還是無解，而容積移轉、政治、公共設施、森林開發等所產生一些的土地供給與實際需求，還有我們的容積制度在都市計畫裡面有什麼問題，這些都是值得探討的面向。

過去都市計畫擬定產生的公共設施保留地問題

全臺灣現今有四百多處都市計畫，從一九四〇年的七三、七四處，到一九八〇年後已有三〇〇多處都市計畫，在一九六〇—一九八〇年增加兩百多處都市計畫區，帶來後續都市問題，到現在也沒有辦法解決。最大的問題是大量擬定都市計畫公共設施保留地，一九八〇—二〇〇〇年二十年間公共設施保留地由〇．九萬公頃增加到一．六萬公頃，現在約有二．五七萬公頃。一九八〇年公共設施保留地一．六萬公頃需要七千多億徵收，隨著土地價值增加，到二〇一三年面積達二．五三萬公頃時，已經需要到七兆的金額，政府財政的力量無法負擔。

產權因為被劃作公共設施保留地而受限引發不少爭議，民國五三年都市計畫第一次修法時公共設施保留地採取市價徵收，但到六十二年已經沒辦法用市價，就改成用公告現值。第三次修法改為公告現值加成上限四〇％，一直到二〇〇〇年土地徵收條例，才用市價去保障被徵收公共設施保留地的地主權益，從這整個過程可看到公共設施保留地保障的相互關係。

而民國七十七年第三次都市計畫法修法雖是為解決公共設施保留地問題，當時徵收非常多的學校、公園，但因為使用效率不彰，很多地主開始要求發回，目前部分陸續開始解編。而政府一九九九年創立都市計畫容積移轉實施辦法，但這制度大概世界沒有任何國家採用，執行之後我們看到整體增加的樓地板除以公共設施保留地的比例在這十幾年大概為兩倍，臺北市則是三倍；如果以金額來看，四百公頃的公共設施保留地以公告現值的一半大概是五百多億，創造的容積價值估算近三千億。但問題在於雖然解決了四百多公頃後，後面還有兩萬多公頃公共設施保留地這怎麼辦？且也必須審慎思考移出、移入地區的規劃系統性、完整性。

因應人口趨勢與開發工具選擇

未來全臺人口預測下降，這產生將來都市計畫裡面有很多土地可能是不繼續開發的，在國土計畫要怎麼去解決這個議題？還有土地開發有兩個非常重要的制度：市地重劃和區段徵收。民國八十年之後，區段徵收辦理的次數與幅度比市地重劃快非常多，為什麼區段徵收被地方政府所喜歡的呢？因為地方政府免除了公共設施徵收價金的責任義務，只要劃公共設施或者政治性需要的話，設施用地取得大概就可以解決，例如：我統計到二〇一五年剛通過的桃園航空城四千多公頃區段徵收用地，就有一千多公頃馬上被移轉出售。

都市計畫區農業區與非都鄉村區檢討

都市計畫擬定和農地之間不一定有絕對關係，但整體臺灣可耕作農地不斷減少，都市計畫的面積一直在增加，尤其都市計畫農業區有十萬公頃，那十萬公頃到底怎麼處理和發展，將來也是一個大議題。我們有十三萬家的工廠沒有登記，有多少是在都市計畫農業區，那我們到底要怎麼去處理違規使用？而後續通盤檢討只要碰到產權大家也就處理不了。現在大家看到一個希望是國土計畫法，國土計畫下的城鄉發展、農業發展都會被產權影響，我提出跨縣市發展權跟農業區的保護要進行制度設計，統計縣市合作、整合部門的策略、成長管理的落實，乃至監管等等都不能忽略。

除了四百多處的都市計畫區，非都的鄉村區問題過去學都市計畫的人不太重視，任由鄉村區失序發展，因此尋求城市的競爭力、生活品質、都市再生的過程中，有關鄉村經濟、鄉村活化、鄉村的景觀發展權等也是未來國土計畫該注意的環節之一。

都市更新的問題與檢討

總結三點：第一，都更條例看不到政府的角色。第二，沒看到資金，只看到用容積獎勵來取代政府資金的挹注。第三，整個都市更新條例基本上就是住宅的更新，我認為還是要回到都市計畫或都市計畫法的擬定來看。

回到最後，現在都市計畫法架構是民國六十二年的架構，雖然後面修改了五六次，但還是沒辦法符合現在發展的需要，我認為都市計畫和都市更新兩者要密切地連接，否則都市更新完全跳脫都市計畫，如果在都市計畫法、都市更新條例對都市更新都有很清楚的規範，甚至包括其公共利益都能清楚地展現，各種都市更新單元在整個都市範圍內就不會產生太多既有的問題。最後財產權我認為如果透過行政程序法讓你土地轉用的時間時序能夠延緩的話，會讓擬定都市計畫程序更審慎，也兼顧對地主的保障。

目前都市計畫規定3～5年通盤檢討一次，因民眾變更意見和疑慮眾多，很多案子都超過十年。

都市計畫通盤檢討審核及大眾參與探討——以新北市為例

金家禾

通盤檢討審議效率與民眾參與之間的兩難

目前通盤檢討需要公開展覽三〇天，並回覆三〇天內任何民眾的意見，這是原本都市計畫法設計的大眾參與，當然有人不太認同，認為是公告周知。我認為目前為止審議最花時間是人民陳情，實務上不只是公告期間提出陳情而已，到了審議當天來陳情仍然得接受，到了內政部都委會也是如此，成為審議效率和民眾參與之間的兩難。

都市計畫通盤檢討審議花費時間過長

從新北市都市計畫通盤檢討案花費時間一覽表來看（如下圖），舉例：淡水第三次通盤檢討在內政部審議花了二千三百三十六天才核定，長達七年！再加上新北市政府兩年就九年；又或者樹林通檢在新北市政府耗時一五〇九天，然後到了內政部審議又花了一一九七天。

案名	公開展覽	縣(市)都委會			部都委會			發布實施日期
		起	迄	審議時間(日)	起	迄	審議時間(日)	
淡水三通盤	2001/5/17	2001/6/18	2003/5/22	703	2004/1/8	2010/6/1	2336	2011/1/14
金山三通	2005/7/4	2005/8/5	2010/9/23	1875	2011/9/19	2014/10/28	1135	2015/2/13
三重主要計畫(二通)	2005/9/16	2005/10/17	2010/3/18	1613	2010/4/7	2014/5/13	1497	2014/9/28
泰山二通	2005/12/24	2006/1/25	2010/5/13	1569	2011/1/25	2015/9/8	1687	2016/7/16
萬里三通	2006/4/18	2006/5/19	2010/11/11	1637	2011/5/29	2015/8/11	1535	2016/4/15
土城(頂埔地區)三通	2008/5/21	2008/6/20	2009/11/26	524	2010/2/8	2011/1/11	337	2012/10/17
樹林(三多里地區)三通	2009/9/10	2009/10/11	2013/11/28	1509	2014/1/28	2017/5/9	1197	2018/4/23
鶯歌(鳳鳴地區)主要計畫二通	2010/11/3	2010/12/4	2012/11/8	705	2013/8/5	2017/9/5	1492	2018/2/13
三芝主要計畫三通	2012/12/17	2013/1/18	2014/9/25	615	2015/11/17	2016/12/27	406	2018/7/30
大漢溪北都市計畫(第一階段)	2011/11/1	2011/12/2	2011/12/14	12	2011/12/20	2015/3/24	1190	2015/7/15
大漢溪南都市計畫(第一階段)	2011/11/1	2011/12/2	2011/12/14	12	2011/12/20	2015/3/24	1190	2015/7/15

新北市都市計畫通盤檢討案花費時間一覽表

大量的都市計畫通檢變更案和人民陳情案數

有些都市計畫因為人民陳情案件過多而沒有辦法完成，比如說鶯歌三通在公展期間有四件人民陳情案件，到了新北市政府都委會變成四〇個，結果花了一千二百一十五日才完成審議到內政部，那內政部在審查的時候有十三個人民陳情，卻一共花了一千三百四十五日，還比新北市政府時間還長，審議完又要求一個附帶決議得回去公開展覽，新北市政府在二〇一八五月十四日辦理公開展覽時又出現二十三案的人民陳情案件，所以還得再重新處理，所以人民陳情案件真的是一個很重要的議題。

過去我針對委員會做過調查，都委會委員普遍認為都市計畫審議具有獨立性，會以自身專業及價值判斷提出意見，以追求公共利益維護、建立合法及公信合理。但是民眾其實對都市計畫通盤檢討很有疑慮，尤其涉及自身利益和覺得不平衡認為權利受損的時候。

七四二號釋憲擴大民眾爭取權益的管道

目前都市計畫規定三至五年通盤檢討一次，因為民眾的

案名	變更案數	人陳案數	
		公展及市都委會審議期間	部都委會審議期間
淡水三通盤	41	43	19
金山三通	32	29	31
三重主要計畫(二通)	46	107	70
泰山二通	41	49	12
萬里三通	29	31	12
土城(頂埔地區)三通	23	40	3
樹林(三多里地區)三通	25	45	13
鶯歌(鳳鳴地區)主要計畫二通	19	9	5
三芝主要計畫三通	17	9	9
大漢溪北都市計畫(第一階段)	無	無	無
大漢溪南都市計畫(第一階段)	無	無	無

新北市都市計畫通盤檢討案人民陳情案數

變更意見和疑慮眾多，事實上很多案子都是超過十年。再者，大法官在民國十五年十二月九號做出解釋，以後的都市計畫，包含通盤檢討、擬定都得開放民眾的參與權利。大法官解釋裡有三個部分：第一個是行政程序違法，第二個違法上層計畫，第三個民眾認為自身的權利受損的話都可以提告進行訴訟，第三部分已跳脫都市計畫的程序，進入到法院的攻防體系之中。

七四二號釋憲文對都市計畫審議的衝擊

大法官七四二號釋憲針對人民的陳情意見，要求兩年之內要編定行政訴訟的修正條文，增列了一章叫做都市計畫程序的審議，包含人民可以尋求訴訟，任何的人民都可以告核定的機關，所以內政部未來將是最棘手的機關，會有很多訴訟爭議，這是我先預告的。舉個情況：我是這條道路上的居民，我提告如果敗訴了，另一個同樣在這條道路上的居民還可以再去告，可能引發不斷的訴訟，所以未來我們的都市計畫審議衝擊非常大。

未來成立訴訟的三個要件就是違法不合程序、違法上級的法令和違法權利，到底認為有沒有權利受損將交由法院法官做決定，我認為有疑慮的是都市計畫擬定發布實施時就確立，任何的改變都會影響人的權利，但若人的權利與都市發展的動態不同時（例如：我們的都市發現氣候變遷影響河川，那我的行水區多劃一點可以嗎？還是發現考古遺址時，能不能調整？），各種政策抉擇的價值很難去判斷，這將是會出現的情況，因此未來須審慎觀察這釋憲對都市計畫法的具體衝擊。

講者簡介

國立臺北大學公共事務學院不動產與城鄉環境學系教授。英國利物浦大學（Liverpool）都市設計與城鄉規劃博士，研究領域為都市計畫、都市更新、智慧城市。曾任國立臺北大學副校長、內政部營建署都市計畫組科員。

都更條例、危老條例，完全是全
民買單個人利益。

都市計畫開發制度與實踐 李得全

這次主題是後工業化臺灣都市計畫的挑戰，目前執行的成果跟成見我認為就是計畫本身失靈、政府失靈、治理的失靈。

土地開發政策與工具之分析與建議

我們談說都市計畫的公共性是什麼，我想說這張圖應該可以來看一下我們的開發工具，他到底在象限的哪個位置，怎麼解決，當然我想永續發展大概沒有什麼太大的爭議，問題是我們怎麼做到公平負擔跟分享，剛才講到，不論是公設保留地或者是都市計畫規劃，可能這裡是住三，旁邊卻是商業區，再旁邊又是道路用地，這彼此之間的利益或財產權該怎麼處理？

我們將現行的土地開發政策與工具進行分析（見下圖），最上面是公共利益高的，下頭是個人利益，右邊是由地主大家共同負擔，然後左邊是全民買單，受益者他並不負擔，所以從區段徵收來看，他的公共利益相對的，因為他取得的公共設施最多，地主的貢獻也最多，地主他可以拿回去的大概四〇％多一點點，再來是公辦重劃，自辦重劃、公辦重劃的負擔不同，

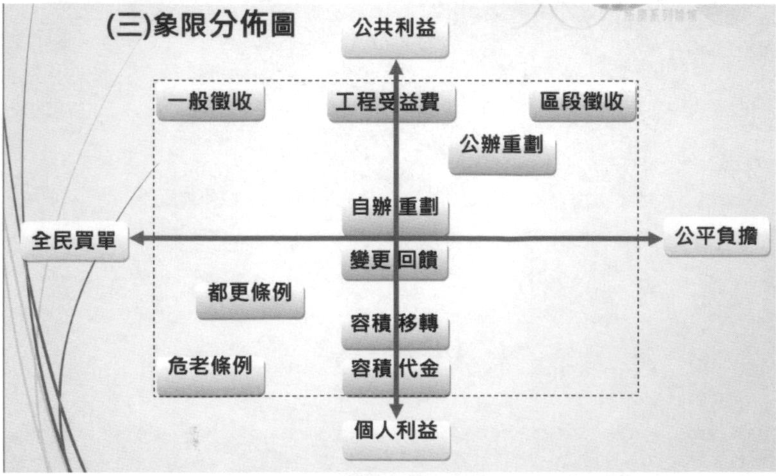

土地開發政策與工具

變更回饋大概跟自辦重劃有點類似，也許看看個案二〇%、三〇%變更回饋，接下來都更條例、危老條例，這完全是全民買單個人利益。

個人的建議有以下幾點，重點要避免我們制度本身的複雜性、選擇性，讓市民跟政府之間的信賴度跟協調的困難度增加：

1. 以永續發展為目標
2. 以公平負擔分享為原則
3. 短期：自辦／公辦重劃與區徵齊一負擔比例、拆遷安置與稅捐減免
4. 長期：與變更回饋及都市更新、危老條例之共同負擔、拆遷安置、稅捐減免與容積獎勵統整考量彼此間相對之公平與合理，以免不同開發方式之競合及執行之爭議與衝突

公共設施取得與開闢的問題與對策

公共設施取得與開闢的問題在於無力徵收解決，全國公共設施保留地大概兩萬七千公頃，徵收取得要十兆，其中臺北市八百六十五公頃需要一．二兆。依照臺北市過去私有的道路公保地取得有四種方式，這四種方式平均一年取得一．五公頃，全部私有的道路面積有二百六十七公頃，那大概需要一百七十八年，時間上我們每年平均編列七億元，那一．二兆大概要一八〇〇年，如果繼續以現行方法市價來價購的話，完全沒有解決的一天。若以容積移轉的方式取得，全市八百六十五公頃的容積移轉會增加二千三百五十三公頃的樓地板面積，將可多容納新增八十四萬人的居住面積，對照臺北市最近兩年人口減少，且還有六萬戶空屋，所以這些方法都不可行。

還是回到一個問題：到底這個公共設施保留地該誰負擔？為什麼市地重劃、區段徵收是地主負擔，非市地重劃、區段徵收的公共設施保留地為什麼要納稅人一起來負擔？這是制度本身的不公平。因此我建議主要對策為以受益使用者公平付費擬定執行計畫：

1.回歸五三年都計法五十八條受益使用者公平付費之立法精神（應以重劃或區徵辦理，徵收工程受益費），並於各該地區都市計畫通盤檢討時規定，該區公保地應由非整體開發區的建案依照申請面積占比共同負擔。

2.成立各區公保地代金收支專戶，專款專用於優先標購早期及繼承取得的公保地，以及優先以市價價購徵收該區急需取得開闢的公保地，以全面逐步公平解決公保地取得開闢的問題。代金之簡要公式為：

$$\text{開發基地面積} \times \frac{\text{該行政區公保地面積}}{\text{該行政區非整開區可建地面積}} \times \text{開發基地市價}$$

以文山區建案為例，文山區整個公共設施保留地占文山區還沒取得的占非整體開發區面積大概八%，意思是說他公共設施的負擔比是八%，那我們現在一般在重劃，公共設施的負擔市地重劃大概三〇%，現在剩下的部分由未來新建的建案來做處理；而道路對民眾而言優先性較高，未取得的私有道路站非整體開發區面積在文山區大約是五%，全臺北市平均是六%，而柯P常常講內湖的交通問題不是交通問題，是都市計畫問題，當然這兩個不能這樣連結啦！不過內湖十一%的確明顯偏高。經過計算之後文山區此建案土地一米平方要付三·六三萬，這就是公平負擔的公共設施費用。

財務計畫與容積管制問題與對策

財務計畫方面，雖然都市計畫法有：編列預算、工程受益費收入、土地增值稅部分收入提撥、私人團體捐獻、中央或縣政府補助、辦理都市計畫事業盈餘、都市建設捐收入及發行公債等八種財務來源，但多僅有政府編列預算一途。實際上中央多不補助用地取得，地方政府也已債臺高築，也就注定規劃時的財務可行性，不論是主要計畫的經費跟事業及財務計畫都很難被認真執行，所以計劃本身也失效、政府也失能。

而容積移轉我想剛剛大家都講很多了，在座的劉玉山前監察委員曾提出糾正案，但現在據我了解現在全部故態復萌，大家都想要都更，因為可以多拿少繳，賺暴利不賺白不賺而且賺得比誰的多，地方地主、實施者跟屋主大家都在比較，有沒有一坪換一坪、有沒有一坪換兩坪？完全無視於公共利益。政客、地主、資本家正是所謂成長機器，一方面灌輸拚經濟很重要，所以房地產是火車頭產業，大家開始從事大量的都市計畫調整、變更、加碼、都更，造成臺灣以拚經濟來合理化經濟利益，我們所得的差距越來越高、越來越難做，臺北市都更獎勵就有三三項，那我們最近又通過了△F5-7的十項，怎麼面對這樣的問題？回到法治社會就是要求獎勵時必須有個合理的道理。

我認為都更條例本身就是都市計畫法制的違章建築，建議要檢核不當容積獎勵，並有以下幾個原則：

1. 涉及法定義務是否仍納入獎勵
2. 獎勵範圍是否超出母法授權
3. 獎勵項目是否不一致或重覆
4. 獎勵額度是否違反比例原則

講者簡介

臺北市副祕書長。國立臺北大學都市與區域規劃博士，基層公務員出身，曾任臺南市政府都市發展局局長、臺北縣政府住宅及城鄉發展局局長。

要有一專業國土法令管理國土規
劃，內容包含複雜的產權關係及
內部法規。

司法院都市計畫違法審查訴訟的執行與規劃制度衝擊　周志龍

我以幾分鐘談談都市計畫違法審查，剛剛金老師有稍微提到七四二號解釋文對都市計畫法的可能影響和衝擊。

我對於未來執行機制與草案條文修正有幾點建議：

1. 不可分關係之界定允宜適度建立或刪除規定，以免過於寬濫。因為第三人仍得就相同都市計畫再提起訴訟，已可補充不可分關係之都市計畫違失問題。

2. 違反作成都市計畫之程序規定、較高位階之法規範（含不成文法）、利益衡量原則等三項違法內容，宜列入規範，以資明確。

3. 訴訟期程未規範，影響都市計畫實施，國家建設與都市建設發展。都計單位須二個月內提交未來處理方式，應可協助法官在一定期限內完成，以免涉及公共利益之都市計畫因纏訟過久，懸而未決。

4. 因都市計畫被宣告違法無效後造成第三人利益受損，該權利關係人應得到平等對待，法院應即准其申請參與都市計畫之訴訟。

最後，這個法律修正只講都市計畫，但國土計畫發布也會限定很多人的權利，我是認為國土計畫跟國家公園計畫應該也要一起納進來，才會比較完整。也就是說應該要有一個專業的國土法令管理國土規劃等，內容包含複雜的產權關係與內部法規等。

講者簡介

英國利物浦大學都市設計與規劃學系博士，現為考試委員。曾任內政部營建署都市計劃組技士、財團法人中國地政研究所專任副研究員、臺北大學都市計劃研究所教授兼所長、臺北大學終身特聘教授。

與談

劉玉山

後工業化的重點在於服務業，服務業的就業人口和產值一直在增加，到現在我們服務業就業人口占總就業人口超過六〇％以上，那服務業的產值占整個國內GDP的七〇％以上。服務業所需要的土地使用管制跟過去我們傳統的想法都不一樣，因此服務業若要在工業區裡面實際上非常困難，工業區的使用限制、容許、建蔽率或容積率等等，所以我第一個建議認為都市計畫法對於土管方面是不是能夠更彈性或是授權給地方政府。

第二個建議就是現在的都市計畫工業區幾乎都要全面檢討，我覺得每個縣市都要提出產業政策，在這個之下重新檢視對工業區或是服務業發展的規劃、分區或是土地管制。都市計畫法要怎麼讓每個地方政府可以更有彈性，像裡面實際上不是工業使用的話，可變更作其他使用，這個臺北市南港一直有在做，也許可以提供其他縣市做參考。

有關都市更新，現在的都更都是一個點一個點的重建，談不上一個地區再開發與再生，所以我覺得是不是讓容積獎勵回歸都市計畫，不能把都市計畫的整個理念扭曲掉了。

楊重信

我認為都市計畫法應該打掉重練，要不要在維持這種中央集權制的都市規劃，讓規劃全都由中央政府或各級機關來掌握，在美國的話你找不到聯邦的都市計畫法，所以要不要考慮說利用這種機會真正落實到地方自治，中央只扮演法律制定、審計畫的角色，我認為應該重新思考。

若不重練也要做很大幅度的調整：

1.都市計畫應擬定市（鎮）計畫地區應該包括城和鄉，把原本鄉街計畫的門檻拿走，原來的區域計畫鄉村區、原住民的鄉村區和使用許可等，一定規模以上都將他們納進來。

2.以前的主要計畫內容漏掉很多東西，現在最棘手的逕流分攤、出流管制議題應該要納入；而現行的細部計畫普遍不夠詳細，難以落實！

3.我認為應該「限期」解決公共設施保留地的問題，不能以歷史共業的藉口拖延。我還是主張用地價稅的固定百分比來做擔保，然後發行債券，真正的把它解決。一時沒辦法全部取得的部分，每年付給地主利息。而過去停徵的工程收益費也認為應該恢復。

4.增設「重疊分區」（Overlay zones）的概念，在原分區上附加一層與原發展標準不同或特殊規定之分區，以達成各種土地利用與發展目標。

5.民眾參與的部分，首先身為法制國家就是要保障基本權利。其次就是正當法律程序，政府應該要使都市計畫符合應該公開聽證的程序。

6.地方主管機關需要設立獨立的公共政策辯護辦公室。

7.建議成立都市計畫基金，財源包括提撥、容積出售、捐贈、罰款等等，都市計畫裡面明明有罰則，應該先把所有違章建築進行罰款，這絕對比交通違規罰的錢多了十倍、一百倍，不會有沒財源的問題。一定要成立一個取締小組，因為現在沒有專責機構在取締，容易推諉卸責。

8.都市計畫應該要有廢除的規定，因應氣候變遷、都市萎縮，如果未來都市規模縮小，現行卻沒有廢除的程序！

施鴻志

我呼應楊重信楊教授，都市計畫之後配合國土計畫法一定要修！民國八十八年劉玉山教授當時委託我做國土計畫法規劃，本來建議設國土建設部，結果現在營建署不成立國土署，營建署也不成立國土部。地方的縣市國土計畫預計兩年後要發布並落實，一定得趕快成立國土局（國土發展局），且要比現在都市發展局（建設局）還大，來處理相關的審議機制。

談產業政策，我認為產業專區、土地使用管制規則要落實地方去執行，產業專區現在大家都在用，如：工業區變產業專區，裡面我可以做商業服務、住宅。

而農業區可以不可以變？可把它改成農業科技專區，像亞蔬——世界蔬菜中心做種子開發，做室內有機蔬菜。

邱敬斌

我覺得城鄉發展局的局長千萬不要讓都市計畫的人去當，因為我們存在心中有一份都市計畫的理念，所以面對外界現實的時候其實非常掙扎，最明顯的例子例如得全與我就是，因為有所堅持常最後都會換位置。

現在臺灣都市計畫界有幾件事情正在發生：第一件事情依照都市計畫法第八十五條，施行細則是屬於執行面，並不需要送議會的，但當營建署允許臺中市送議會開始，其他直轄市全部要求送議會，大家可以想像臺中市送議會的時候議會沒有對他們條文裡面有任何意見，只是要求尊重，但新北市的情況不一樣，從基準容積率、建蔽率、開挖率等這些容積獎勵全部得依照議會的意思，這些內容的更改與當初我們執行的差異甚大。都市計畫將來有兩大勢力，一個是叫法院、一個就是地方議會，都市計畫專業的權力會愈來愈難，未來都市計畫委員在審議的時候已經沒有太大的意義，因為容積、建蔽等在施行細則自治條例裡面都可以被議會的要求修改，我們現在面臨一個非常重要的問題。

第二件事情，後工業化時代有幾個特色，一個是從生產改為服務，一個是技術的創新，還有一個叫作訊息快速的傳遞，但我們都市計畫的執行最少都是九年、十年，甚至更久，這樣的都市計畫法是不是需要大規模更改？韓國瑜說：「人進得來，貨賣得出去，高雄發大財！」，大家能相信嗎？投資者要進入到高雄之後他面臨的第一個問題很可能就是都市計畫，光是程序時間很可能讓投資者卻步，這是必然會面臨的問題，必須思考哪些東西是國家必須強制掌控，哪些部分授權給地方政府來執行，讓地方政府可以因應變化來作制度上的推動。

第三件事情，學都市計畫的人只管一項叫作地用，地權、地籍、地稅全部在地政單位，我認為以上制度必須要做一個整合，否則的話規劃單位永遠只是在土地使用管制，能夠用的權力全部都在地政單位手上。

再舉個例子，我們都知道都市更新沒有任何的回饋，追求的就是個人利益，但當媒體常常在講說，新北市都市更新要三千年，一旦碰到六級地震時恐有萬棟以上損毀，幾萬人傷亡，請問一下行政單位敢不用容積給他嗎？這實際上是一種謬誤，為何老一定要更新，但實務上兩股拉力拉扯時行政機關通常會失守。我很誠實地說絕對不可以一坪換一坪，都市更新怎麼可以不勞而獲？但最後我們各退一步，已有結構安全危險的建築我們願意協助，新北市總共十三棟，但是否擴及全面處理，這牽涉到行政單位各種壓力和結構性的問題。

林盛豐

我在監察院的調查就是處理容積氾濫破壞都市計畫制度，這問題太複雜，除了歷史共業也涉及到廣大群眾的期待，如：一坪換一坪、都更等等。

最後我會想說，我要砍一兩刀（糾正）的話要砍在哪裡？監察院大概也不能夠直接說我建議都市計畫砍掉重練，除非我們的都市計畫界達成某種共識，才可能有一天能嘗試看看。

李得全

剛剛楊老師講的規劃權、發展權、財產權、行政權、司法權等，其實就是不同的治理權力之間的分工或合作，這個部分顯然大家看法不一致，我其實呼應林監委的想法，大家能有一個短期的目標，然後幾位的意見我們把它處理一下，提出基本的看法跟共識，再將現行的不論從中央到地方、行政跟司法、發展權、規劃權等倡議做些整理對外發表，然後監委這時候順勢那一刀下去，我會覺得會比較有效果，從改

革的角度來講，我覺得是要搭配全體公家投入。

金家禾

也許可以先從整合開始，其他國家開發跟稅都合在一起，我們營建跟地政分家，所以規劃、審議到最後執行都是分開，這其實可有一些論述去調整。

而七四二號釋憲文其實大家不要忘了第三個原則，這跟都市的動態形式非常違背，都市是因為動態發展變化進行通盤檢討，但這條考慮的是利益平衡原則，是從個人的角度出發，個人利益絕對不會適應環境的變遷而轉變，萬一最後法院判決因違反個人權利原則敗訴的話，賠償事小但如果都市計畫無效，該都市計畫就得打掉重練，這有點令人擔心。

周志龍

感謝林監委願意透過監察院的能力協助促動，大方向我認為最後還是要修都市計畫法，沒有法律什麼都沒辦法改變，現行法律架構基本是民國六十三年定下來的，現今社會已經變化這麼大，真的要來解決公共設施保留地、都更容積獎勵等問題。我也建議都更要架構在都市計畫之下，這個大家都有共識，絕不能架空整個都市計畫法，此外還有執行機關的整合等，這些都是可以處理的目標。

後記

大學畢業初入職場，有幸到余紀忠文教基金會任職，感謝基金會老師、長輩的教導與帶領，不僅僅是專業知識的充實、實際走訪地方考察、參與政府機關政策會議等等，更因此認識許多在專業領域上深耕、盡心盡力的專家學者、ＮＧＯ夥伴及公部門人員。編輯此書除了整理近年基金會辦理之座談會內容，同時也讓我再次梳理公共事務推動的歷程。

在現今資訊發達的年代，網際網路及各種新興媒體使我們獲取資料輕而易舉，卻也因此習慣於接收快速、短篇、片斷的訊息，失去了對事務追根究柢的鑽研精神，以致於前人努力的過程、一件事的成敗經過往往隨著時間流逝被淡忘。

基金會致力河川環境守護及公與義的捍衛，數十載結交了共同打拚的革命同伴，起初對於法案的推動、河川整治、災後護山植樹、政府組織再造等歷程毫無概念的我，也漸漸跟隨余範英董事長入門，從一次次專家座談會及論壇中，體悟公部門人員曾為這塊土地、人民奮鬥的精神，及知識分子對國土的愛護、關心，深刻瞭解我們擁有的生活環境絕不是「理所當然」，就如下水道建設工程，工程耗時又經費龐大，且因做在地底，常被稱為「看不到的建設」，對比鐵路高架、河濱公園等建設，人民感受不到，政府起初也不重視，直到廢污水污染了土地、河川，影響民眾生活，才逐漸落實下水道建設，這絕非一蹴可幾，擁有乾淨便利的生活，皆要敬佩曾為此付出的學者、公務員，更要感謝第一線的工作梯隊和專業技術人員。

今氣候變遷及國土容受力等問題仍棘手，風災、水災、震災後大自然的反撲不斷提醒我們省思及謙卑，追求生產績效同時應考慮生態及生活，「三生」不可偏廢。環境保護工作需不斷滾動修正，感念前人長期走過的辛勞，任何事務皆有來龍去脈，值得人們細細咀嚼個中滋味。期許自己在推動公共事務的道路上能扮演一顆螺絲釘，思土、思民，對臺灣寶島有所貢獻。

余紀忠文教基金會研究員　賴祉維

基金會活動與國土法歷程

由催生國土計畫到追蹤過程

時間	事件	
2004.10.17	舉辦「前瞻與決斷：國土規畫 - 政策環評與民眾參與」研討會	
2005.1.16	舉辦大地．我的母親：國土復育公聽會	
2005.6.23	舉辦國土規畫「淹」能忽視　檢討座談會	
2007.4.26	舉辦「國土規劃及生態平衡　談蘇花高」座談會	
2009.8.8	莫拉克颱風　八八風災	多次前往屏東、高雄勘災，以及重建區訪視，促成後續基金會長期與屏東建立夥伴關係，關心屏東治水課題
2010.11.4	提供行政院吳敦義院長有關政府組織改造、成立環境資源部與國家發展委員會的幾點觀察與建言	
2010.12.14	訪行政院副院長陳沖談行政院組織改造事宜	
2012.5.23	舉辦環境與國土規劃顧問小組會議	
2013.10.17	全國區域計畫公告實施	基金會透過行政院永續會提出實施建議
2014.7.24	行政院通過國土計劃法草案送立法院審議	
2014.10.18	《高雄氣爆餘生　重建韌性城市》專家座談會	
2015.10.06	催生《國土計畫法》專家會談會	
2015.11.27	《打造新北韌性城市》專家座談會	
2015.12.18	國土計畫法通過	

時間	事件
2016.05.07	《地震頻傳　都更防災演義》專家座談會
2016.05.26	《國土計畫法啟動》　專家座談會
2016.09.14	《當你老了回首家園》專家座談會
2016.11.11	《一起回家看後山原鄉》專家座談會
2016.12.13	《檢視高齡社會　再造宜居家園》專家座談會
2017.03.23	行政院會議通過「前瞻基礎建設特別條例草案」後正式對外宣布
2017.05.16	內政部重新公告「修正全國區域計畫」 基金會於2月底拜訪內政部葉俊榮部長，討論國土計畫法的後續作為。本次修改主要納入「農地」、「環境敏感地區」、「區域性部門計畫」及「基本容積制度」等內容。
2017.05.25	《由國土規劃看前瞻建設》專家座談會
2017.07.20	內政部國土計畫審議會設置要點實施
2017.08.08	《為國土計畫追蹤算帳》專家座談會
2018.02.08	發布子法－性質重要且在一定規模以上部門計畫認定標準、國土計畫適時檢討變更簡化辦法
2018.08.23	預告國土利用現況調查辦法、土地利用監測辦法
2018.09.17	預告重大公共設施或公用事業計畫認定標準
2018.10.18	《全國國土計畫　可預見的困境與挑戰》專家座談會
2018.11.07	《探究都更失靈　癥結與省思》專家座談會
2018.12.03	《後工業化臺灣都市計畫法的大挑戰與跨越》專家座談會

余紀忠文教基金會叢書60

思土思民—跨足國土計畫紀實

策畫委員：余範英、邱文彥、林盛豐、李永展、邱淑媞、吳肖琪、黃書禮、楊重信
執行編輯：賴祉維
攝　影：陳信翰、鄭任南
封面設計：Lun
排　版：林鳳鳳
出 版 者：財團法人余紀忠文教基金會
地　址：臺北市大理街一三二號
專　線：〇二二三〇六五二九七
初版一刷：二〇一九年三月七日
定　價：新臺幣四百元